Schirner
Verlag

Anne-Mareike Schultz &
Dennis Möck-Ludwig

Crystal Rituals

KRISTALL-
Mandalas und -Rituale
selbst gestalten

Schirner
Verlag

Wir verzichten auf das Einschweißen unserer Bücher – **UNSERER UMWELT ZULIEBE!**

ISBN 978-3-8434-5182-6

Anne-Mareike Schultz & Dennis Möck-Ludwig: Crystal Rituals Kristall-Mandalas und -Rituale selbst gestalten © 2020 Schirner Verlag, Darmstadt

Umschlag & Layout: Simone Fleck, Schirner, unter Verwendung eines Grid-Bildes von Dennis Möck-Ludwig und Bildern von www.shutterstock.com (siehe Bildnachweis) Lektorat: Kerstin Noack, Schirner Printed by: Ren Medien GmbH, Germany

www.schirner.com

1. Auflage Februar 2020

Inhalt

Widmung

Dieses Buch möchten wir unseren Vätern widmen, ohne die wir heute nicht hier wären und die uns zu diesen ganz besonderen Menschen gemacht haben, die wir sind. Ohne euch würden wir nicht nach der Antwort suchen.

Vorwort

Nach dem Sturm ist vor dem Sturm, sagt man ja so schön, und so ist es wohl auch mit diesem Buch. Als wir vor einiger Zeit an unserem ersten Buch über die Crystal Grids schrieben, konnten wir kaum erahnen, welch Segen und tiefe Freude diese heilsamen Muster in so vielen Menschen auslösen würden.

Kristalle sind ein Geschenk, einzigartige symmetrische Strukturen, durchdrungen von höchster Reinheit. Diese ältesten Schätze der Erde tragen den Pulsschlag von Mutter Erde, der Schöpfung und den Ur-Impuls des weiten Universums in sich. Mit ihrer Hilfe können wir – wie durch die Kraft der Pflanzen – Heilung und Bewusstwerdung erfahren. Und dieses Wissen erwacht immer mehr.

So haben wir uns entschieden, – wieder gemeinsam – ein kompaktes Büchlein zu kreieren, in dem wir all die Crystal Grids unterbringen würden, die wir noch parat hatten, denn auch diese waren und sind uns äußerst wichtig. Gepaart mit der Kraft von Ritualen, vielen Tipps und Möglichkeiten, die Kristallarbeit noch weiter hinaus in diese wunderschöne Welt zu tragen.

Du kannst dieses Buch unabhängig von unserem ersten Buch nutzen, es steht für sich. Wenn du gerade erst begonnen hast, mit Kristallen zu arbeiten, wird dir dieses Buch einen wertvollen Einstieg ins Thema bieten. Und wenn du schon Profi bist, lasse dich von den Grids und Ritualen inspirieren, noch intensiver mit den Kristallen zu wirken.

In jedem Fall wünschen wir dir viel Freude bei deinem Tun! Mögen dich die Kristalle in ihren magischen und einzigartigen Bann ziehen.

Dennis & Anne-Mareike

Warum mit Kristallen arbeiten?

Kristalle haben schon immer eine Anziehungskraft auf uns Menschen gehabt, und Menschen aller Kulturen haben ihre Wirkung für sich genutzt. Schon 3000 Jahre vor Christus wussten die Sumerer um die Bedeutung einzelner Steine und trugen Talismane zum Schutz zum Beispiel aus Obsidian oder auch Karneol. Und damit waren sie nicht allein, denn auch Kleopatra war dafür bekannt, dass sie Lapislazuli in ihr Augen-Make-up geben ließ, weil sie um die heilende Wirkung des Steins wusste. Die Griechen gaben dem Kristall ursprünglich seinen Namen. Er bedeutete so viel wie »Eis«, weil sie annahmen, dass er eine spezielle Art von Eis sei. Auch sie schufen Schmuck aus den Kristallen, aber auch Abbilder ihrer Götter, da sie davon ausgingen, dass die Kristalle Geschenke ihrer Götter seien. Durch das Tragen der Kristalle fühlte man sich dem Olymp und seinen Göttern – und somit auch dem eigenen göttlichen Funken – näher. Die Römer, vor allem die Soldaten, benutzten Kristalle als Amulette und trugen so ihr Wissen um die Steine in die Welt. Natürlich war das Potenzial der einzelnen Steine auch in China bekannt, bis heute wird die Jade hier beispielsweise für Wohlstand und Glück eingesetzt.

Es gibt so viele Belege für die Nutzung von Kristallen. So werden beispielsweise bis heute bei einigen Ureinwohnern Amerikas Steine in einem Steinrad zu einem Mandala gelegt und in Traumfänger gewebt sowie als Schmuck am Körper und im Haar getragen. Im frühen Mittelalter wurden Steine im Osten Europas zur Heilung eingesetzt. Aber es wurden auch Essenzen aus den Kristallen hergestellt, die als Trunk ihre Wirkung vielseitig entfalten sollten. Dieses Wissen und die tiefe Bewunderung der Steine wurden bis in die heutige Zeit getragen. Selbst Erfinder, Physiker und Ingenieur Nikola Tesla war der Ansicht, dass Kristalle lebendige Wesen seien und eine Kraft in sich tragen, die wir für uns nutzen können.

Was ist ein Crystal Grid?

Nicht nur einen einzelnen Stein als kleines Wunder für sich zu nutzen, sondern mehrere Steine in Form zu legen, sie zu verbinden und ihre kollektive Kraft zum Ausdruck zu bringen, birgt Magie in sich und kann in uns Harmonie erschaffen. Das ist die besondere Kraft der Crystal Grids.

Das Wort »Crystal Grid« klingt vielleicht erst einmal ungewöhnlich, es ist aus den Wörtern »Kristall« und »Gitter« zusammengesetzt. Ganz simpel heruntergebrochen, sind Crystal Grids Kristalle, die man in ein Gittermuster legt, um ihre Wirkung durch die Wirkung eines Musters aus der Heiligen Geometrie, das ebenfalls Kraft und Energie in sich trägt, zu verstärken. Indem wir den Kristallen bzw. dem Kristall im Zentrum eines Grids eine Intention geben und das Kristallmuster legen, erschaffen wir einen heiligen Raum. Dieser wird durch einen Aktivierungskristall aufgeladen, und das Grid kann seine Magie entfalten.

Was ist die Magie hinter den Grids?

Ein Crystal Grid sieht nicht nur schön aus, sondern darf uns unserem Ziel näherbringen, wie zum Beispiel »Freude & Glück«, »Liebe & Beziehung«, »Ziele & Wachstum«, »Intuition & Spiritualität«, »Fülle & Geld« oder »Gesundheit & Fitness«. Im Grunde ist es etwas ganz Natürliches, seinem eigenen Sinn von Mustern und Strukturen zu folgen und darin die Farben und Formen der Steine einfließen zu lassen. Wenn man ein Grid zum ersten Mal sieht, dann erkennt man schnell, wie magisch diese Arbeit ist. Wir nutzen Muster und die Heilige Geometrie, um die Kristalle anzuordnen und unserer eigenen Intention eine Form zu geben.

Durch dieses kleine Ritual können wir uns zentrieren, unseren Fokus halten, Sorgen abstreifen, Harmonie erschaffen, unseren Ideen eine Form geben, unser Zuhause harmonisieren, emotionale Themen bereinigen, tiefer in die Meditation gelangen, einen Schutzraum erschaffen und vieles mehr – und wir müssen uns keine Sorgen machen oder Zweifel hegen, ob diese Arbeit wirklich hilft. Sie tut es immer!

In dem Moment, in dem wir unser Grid aktivieren, ist es, als würde sich die Energie verdichten, als würde sie greifbarer. Wir haben mit dem Grid unserem Wunsch eine Form gegeben und diesen so in die Wirklichkeit gebracht. Wir haben verdeutlicht, was wir wirklich möchten und den Impuls gegeben, dass wir bereit für genau diesen Wandel sind. Ein Wandel ist entstanden – im Raum und in uns. Das ist die Magie der Crystal Grids.

TIPP:

Überlege dir das Ziel, bevor du die Steine auswählst, und mache dir bewusst, was du in dein Leben ziehen möchtest. Mit dem Grid gibst du genau dieser Absicht eine Form, Farbe und Schwingung.

Welche Steine soll ich nehmen?

Das Reich der Steine hält unfassbar viele und facettenreiche Kristalle für uns bereit. Diese sind nicht nur schön, sondern haben auch ganz unterschiedliche Wirkweisen und Bedeutungen – je nachdem, welche Farbe und Form, ob wir einen Trommel- oder Rohstein wählen. Die Steine, die wir in diesem Buch verwenden, sind nur ein kleiner Teil der vielen Auswahlmöglichkeiten. Eine Übersicht über ihre Wirkung haben wir dir im Folgenden zusammengestellt.

Wenn du weitere Steine, noch mehr Grids und Ideen für deine Arbeit mit den Kristallen suchst, schau doch in unser Buch »Crystal Grids – Die Kraft der Kristalle«.

TIPP:
Deiner Fantasie sind beim Legen eines Grids keine Grenzen gesetzt. Verwende z. B. Blüten, Blätter, Räucherware, Bilder oder auch Schmuck. Alles, was dich anspricht, deine Intention unterstützt und dir hilft, dein Grid zu einem magischen Platz zu machen, kannst du einfügen.

Achat	schützt den Geist, beruhigt, macht klar und innerlich frei, wirkt ausgleichend
Amazonit	beruhigt jede Art von Stimmungsschwankung, schenkt Lebensfreude, löst innere Schwere auf
Amethyst	fördert Vertrauen, Intuition, Spiritualität, steht für Träume und Sehnsucht, beruhigt den Geist
Aragonit	fördert Stabilität, Erdung und Verwurzelung, besänftigt Wut, beruhigt und befreit die Emotionen, löst schwere Gedanken, verleiht Fokus, erinnert an die Propolis der Bienen
Auge der Shiva	fördert Schutz, Glück, Wissen, Weisheit, Fruchtbarkeit, bündelt und verstärkt positive Energie
Bergkristall	Manifestation, Klarheit, Fokus, Sensibilität, Energieerhöhung, Ausdehnung, Licht ins Dunkle bringen, Blockadenlöser, Steigerung der Selbstwahrnehmung und Energienverstärker
Bernstein	gilt als Stein des Optimismus, der Lebensfreude und der Ausstrahlung, lindert seelischen Kummer und Druck
bunter Turmalin	wirkt belebend, unterstützt Harmonie, Klarheit, Offenheit, Geduld, Wahrheitsliebe und Selbstvertrauen, löst Trauer
Chrysokoll	gilt als Hoffnungsstein, fördert Weisheit und Ruhe, unterstützt das außersinnliche Gespür
Citrin	fördert Wachstum, Harmonie, Erfolg, positive Einstellung, Optimismus, Freude, Glück, Selbstvertrauen, Wohlstand, Reichtum und Anziehungskraft
Cyanitspitzen/ Disthen	gelten als Lichtbringer, fördern klare und reine Kommunikation und Schutz, wirken auf alle Energiezentren stark ausgleichend, stärken die eigene Identität, den gesunden Menschenverstand und die Selbsterkenntnis

Fluorit	verleiht innere Stabilität, fördert Konzentration, hilft, Ideen in die Tat umzusetzen und den Erfolg für sich in Anspruch zu nehmen
Friedensachat	bietet Schutz und Trost, fördert Herzlichkeit, Toleranz, Anziehungskraft (Rohsteine unterstützen jegliche Art der spirituellen Arbeit, Trommelsteine strahlen die Energie in alle Richtungen aus)
Hämatit	stellt große Harmonie her, wirkt erdend, stärkend und schenkt Mut, die Dinge zu wagen, die wir uns erträumen
Herkimer Diamant	fördert Weisheit, Schöpferkraft und Fülle, bündelt Lichtenergie, stärkt Fokus und spirituelle Entwicklung
Karneol	schenkt Glück, Wohlbefinden und die Fähigkeit, zu genießen
Kupfer	bringt Glück, hält den »bösen« Blick ab, kann schlechte Omen wandeln
Lepidolith	bietet Schutz, hilft beim Umsetzen von Visionen und Zielen
Mondstein	fördert Intuition, Ruhe, Fürsorge, Heilung und Balance, öffnet den geistigen Horizont
Moqui-Marbles	verleihen Schutz, bewahren vor falschen Entscheidungen, halten den »bösen« Blick ab, stärken den eigenen Willen und beruhigen die Seele
Obsidian	»Stein der Wahrheit«, fördert Selbsterkenntnis und Klarheit, löst schwere Energien wie Traumata, Ängste und Blockaden, hilft, die Vergangenheit mühelos loszulassen, fördert die Visionskraft
Orangencalcit	steht für den Solarplexus, lindert Schlafstörungen, stärkt die Intuition, das Selbstbewusstsein und den Optimismus, wehrt den »bösen« Blick ab, hilft, Hindernisse müheloser zu überwinden

Pyrit	fördert Fülle, Materialisierung, kosmische Kraft, Energie, Geldfluss, Schutz, Selbstvertrauen, Mut, neue Wege zu gehen, Reichtum
Quarz	fördert Klarheit, Weisheit und Verbindung, lenkt und verdichtet Energieströme
Rauchquarz	fördert Innenschau, Meditation, Chancen erkennen, Verständnis, Mitgefühl, Ruhe, Lebenskraft, löst Schatten, wirft Licht auf den Lebensweg, löst innere Blockaden und schwere Energien auf, erdet
Rhodochrosit	zeigt neue Wege auf, verleiht eine höhere Perspektive, hilft bei Traurigkeit, löst Ängste und Sorgen
Rosenquarz	steht für Sensibilität, Verbundenheit, Harmonie, Liebe, müheloses Loslassen, mindert Ängste, wirkt heilend auf der Herzebene, fördert Anziehung, Selbstliebe, Vergebung, Herzöffnung und Selbstakzeptanz
Sandrose	fördert geistige Stabilität, Kreativität, Konzentration, Vitalität und Wunschsortierung
schwarzer Turmalin	unterstützt Wandlung und Schutz, fördert gute Gedanken, Reinigung, Sicherheit, Abgrenzung und positive Gedanken, besänftigt Chaos und Unordnung, fördert klare Worte und Taten
Selenit	steht für die Mondgöttin Selene, Mondenergien, fördert Klarheit und Fokus, bringt Wachheit, erhöht die Schwingung, fördert Energiefluss, Reinigung
Silizium	fördert Kraft, Vitalität, Dynamik, Durchhaltevermögen und Zielstrebigkeit, Aufmerksamkeit für die elementaren Grundbedürfnisse und stärkt den Energiekörper
Türkis	Schutz vor Unfällen, Kommunikation, emotionale Stabilität

Welche Energie soll mein Grid tragen?

Die Energie des Grids kannst du nicht nur mit den Kristallen formen, sondern auch mithilfe der Heiligen Geometrie, nach der du deine Steine anordnen kannst. Hier ein paar Beispiele für ihre Wirkung:

Vesica Piscis: Neubeginn, Kreation, Innen und Außen
Blume des Lebens: Verbindung, Einheit, Schutz
Same des Lebens: Wachstum, Energie, Schutz
Sri Yantra: Bewusstsein, Balance, Transformation
Metatrons Würfel: Energie, göttliches Sein, Schöpfung, Kreativität, Emotionen und Gefühle, Stresslinderung, innere Ruhe
Liegende Acht: Unendlichkeit, Anziehung, Auflösung, göttliche Ordnung

Doch es müssen nicht immer komplexe Geometrien sein. In diesem Buch verwenden wir vor allem einfache Formen und die Kraft der Symmetrien, die ebenso Energie in sich tragen und positiv in dein Grid und folglich in deinem Wunsch einfließen können, z. B.:

Linie: männliches Prinzip, Zauber, Zielstrebigkeit, Richtungsweiser, Einheit, Verbindungen, Aktion, Willensstärke, Unerschütterlichkeit, Mut, Unität (Einzigartigkeit), Absicht, Fokus

Kreis: weibliches Prinzip, Einheit, das Universelle, das Vollkommene, Himmel, unendliche Liebe, Unendlichkeit, Wiederkehr, Schutz, Zeitlosigkeit, Raumlosigkeit, Sonne, Universum, Ur-Ei, Ganzheit, Geborgenheit, Ring, Zyklus, Unbegrenztheit, Schönheit

Quadrat & Rechteck: Materie, Erde, Grundlage, verleiht Gewicht, Symbolik des Weiblichen, die vier Elemente, Himmelsrichtungen oder Jahreszeiten, Zusammenwirken, Kosmos, Körper, Abgrenzung, Perspektivenwechsel, Grenzen, Schönheit, Wirklichkeit, Ganzheit, Selbstwahrnehmung

Herz: Unterstützung bei allen Emotionen, nährt die Liebe und das Vertrauen

Darüber hinaus trägt auch die Anzahl der Steine eine besondere Energie in sich und kann das Grid und dein Vorhaben positiv unterstützen. In der Regel benutzen wir mehr als neun Steine. Dann kannst du die jeweilige Bedeutung der einzelnen Ziffern der Zahl betrachten und miteinander kombinieren: Im Grid »Positive Gedanken« ab Seite 82 verwenden wir beispielsweise 72 Steine. Die 7 steht für Fortschritt, Sieg, Überwindung, und die 2 symbolisiert Intuition, Vertrautheit, Verständnis.

1	Ursprung des Lebens, Schöpfungskraft, das reine Sein, Einheit, Magie, Glück, Expansion, Höheres Selbst, universelle Verbindung
2	Seelenverwandtschaft, Intuition, Vertrautheit, Verständnis, männliche und weibliche Anteile, Dualität, Verbindung von Wille und Wissen, Akzeptanz, Hingabe, Loslassen, Polarität, Verbindung mit dem Gegenüber, Ausrichten in und mit der Liebe
3	Sensibilität, Emotionalität, schöpferische Kraft, die »Drei-Einigkeit«, Harmonie, Trennung, Erfahrung von Transzendenz, höhere Macht, Aufgestiegene Meister, Ausdehnung
4	Handlungen und Taten, Elemente, Himmelsrichtung, Stabilität, Manifestation, Engel, Erzengel, Transformation, Ausdehnung, Entwicklung, Kommunikation, Erweiterung
5	Spiritualität, bedingungslose Liebe, Weisheit, Meditation, Bereitschaft, Heilung, Verbindung der Dualität und der Dreiheit, Hörigkeit, Macht und Kraft, Veränderung, Handlung
6	Liebe, Sexualität, Erotik, beglückende Gefühle, Prüfungen, Fortpflanzung, Entscheidungen, vollkommene Zahl der Mitte, Reinigung, Wandlung, Erkenntnis, Balance, Vorsicht
7	Fortschritt, Sieg, Überwindung, Mystik, Heiligtum, Schutz, göttliche Zahl, Neuanfang, Reise in erweiterte Seinsbereiche, Lust, Lebensfreude, Ehrlichkeit, Weite, Freiheit, Leichtigkeit, Ausstrahlung, Magie, Inspiration
8	Gerechtigkeit, Harmonie, Handeln, Balance, Neuschöpfung, Reinheit, Zentriertheit, Einheit, Klarheit, Verstrickungen, Dunkel ins Licht bringen, Prüfungen, Wachstum, Wandler
9	Weisheit, Besinnung, höchste Schwingung, Vollkommenheit, Rückzug, Befreiung, Offenheit, Lebensfreude, Ekstase, Selbstmeisterung

Wie lege ich ein Crystal Grid?

Die Utensilien

Für ein Crystal Grid sind Kristalle vonnöten, das ist irgendwie logisch. Allerdings dürfen die Wahl der Kristalle sowie ihre Anzahl und auch das Muster, in dem du sie legst, aus dir entstehen. Natürlich haben, wie du bereits gelesen hast, jeder Stein, jede Form und auch die Anzahl der Steine eine Bedeutung. Gleichzeitig erfahren wir immer wieder, dass sich, wenn wir ein Grid intuitiv legen und später nach der Symbolik, der Form oder Zahlenmagie schauen, alles perfekt ineinanderfügt.

Um ein Crystal Grid zu legen, brauchst du **Kristalle,** einen **Aktivierungskristall** und einen ebenen und sauberen **Untergrund.** Zudem wäre etwas **Räucherwerk** zum Klären des Raumes gut wie Weißer Salbei oder Palo-Santo-Holz. Die Kristalle dürfen jede Farbe, Form und Beschaffenheit haben und können aus deiner Sammlung stammen oder auch extra dafür gekauft werden. Auch wenn du einen Kristall für ein bestimmtes Grid gekauft hast, kannst du ihn selbstverständlich vielseitig einsetzen. Das Grid sollte ein Zentrum haben, für diese Mitte nutzen wir gern einen **Fokuskristall,** der größer oder besonders geschliffen ist. Du wirst sehen, dass nicht alle Grids in diesem Buch eine solche Mitte haben, traditionell aber schon. Der Aktivierungskristall ist ein Stab – meist besteht er aus Selenit, Bergkristall oder Rosenquarz. Wenn du gerade keinen zur Hand hast, nutze den Zeigefinger deiner linken Hand oder eine Feder. Als Untergrund verwende ein schönes Tuch. Es kann ein Muster enthalten wie die Blume des Lebens oder Ähnliches. So kannst du deiner Legung gut folgen und deinem Grid gleichzeitig noch mehr Kraft verleihen.

Die Legung

Ein Crystal Grid darf aus dir entstehen. Lasse dich intuitiv leiten, welcher Stein dabei sein und wie er liegen möchte. Dein Grid darf hübsch aussehen. Indem du dir die Mühe machst, die Steine in »perfekte« Harmonie zu legen, gibst du den Impuls, dass sich auch alles andere perfekt entfalten darf, was du mit der Absicht deines Grids in die Wirklichkeit treten lassen möchtest.

TIPP:

Befreie dich von jeglichem Druck. Bei dieser Art von Ritual geht es mehr als bei allen anderen darum, dass es dir entspricht. Habe einfach Spaß und Freude dabei, deiner Intention eine Form zu verleihen und mit diesem Impuls zu zeigen, dass du bereit bist und genau das in die Wirklichkeit treten darf, was du dir wünschst. Du kannst nichts falsch machen. Höre auf dein Herz.

Eine kleine Anleitung zum Legen und Aufladen eines Grids

Was du dazu brauchst:

- 1 Zettel und 1 Stift (für deine Intention)
- verschiedene Kristalle (entweder benutzt du eine unserer Vorlagen oder du wählst deine Kristalle ganz intuitiv)
- 1 Fokuskristall für die Mitte des Grids
- 1 ebenen Untergrund, auf den das Grid gelegt wird
- 1 Selenitzauberstab oder Aktivierungskristall (z. B. Bergkristall oder Rosenquarz)
- Räucherwerk, z. B. Weißer Salbei, Weihrauch oder Palo-Santo-Holz

1. Schritt: Formuliere deine Absicht

Zu Beginn der Legung ist das Ziel oder die Absicht das Wichtigste, um die Manifestationskraft fokussiert zu lenken. Überlege dir also so klar und deutlich wie möglich, was du mit diesem Grid für dich manifestieren möchtest, und schreibe es auf einen Zettel. WICHTIG: Formuliere die Absicht als Affirmation und immer positiv, wie z. B. »Ich bin jetzt bereit, mich von dieser Abhängigkeit zu lösen …«

2. Schritt: Wähle deine Kristalle und dein Muster

Wähle intuitiv die Kristalle aus, die zu deiner Intention passen oder die wir in unseren Grids vorschlagen. Muster verleihen deinem Grid eine zusätzliche Wirkebene.

3. Schritt: Räuchere den Platz

Wähle einen Ort, an dem du das Grid auslegen möchtest, und reinige ihn, indem du ihn räucherst. Nutze dazu am besten reinigende Kräuter wie Weißen Salbei, Weihrauch oder Palo-Santo-Holz.

4. Schritt: Visualisiere dein Ziel

Nachdem du den Ort geklärt hast, nimm einige tiefe Atemzüge, schließe deine Augen, und verbinde dich mit deiner Intention. Visualisiere in allen Einzelheiten, wie sich dein Ziel anfühlt, wie es riecht, schmeckt, aussieht und klingt. Schenke dir einige Minuten der Zentrierung, der bewussten Atmung und der Festigung deiner Absicht. Wenn du möchtest, lege dazu beide Hände auf dein Herz.

5. Schritt: Lege dein Crystal Grid

Wenn du so weit bist, öffne deine Augen, und nimm deinen Fokuskristall in die Hand. Atme dreimal die Intention, die du auf deinen Zettel geschrieben hast, in ihn hinein. Nun lege eine Mitte fest, indem du deinen Kristall mittig platzierst. Beginne dann, deine ausgewählten Kristalle von außen nach innen (wie bei einem Mandala) anzuordnen, ganz so, wie es sich für dich gut anfühlt. Lasse dich gegebenenfalls von dem geometrischen Muster führen.

6. Schritt: Aktiviere dein Crystal Grid

Als letzten Schritt aktivierst du dein Grid. Nimm dazu deinen Selenitzauberstab oder deinen Aktivierungskristall zur Hand, und verbinde, beginnend von innen, alle Steine (energetisch) miteinander. Wiederhole währenddessen immer wieder deine Intention im Geist. Dein Crystal Grid ist nun aufgeladen.

TIPP:

Fühle in dich hinein, wie lange du das Grid wirken lassen möchtest. Wir empfehlen dir, je nachdem, zu welcher Mondphase du es ausgelegt hast, einen kompletten Zyklus (ca. 4 Wochen) abzuwarten.

Wie pflege ich meine edlen Steine?

von Gastautorin Annett Hering

Wenn ein Edelstein oder ein ganzes Set neu bei dir einzieht, bringen die Kristalle jede Menge Erfahrung und Energien mit sich. Damit du nur die Essenz, die Urkraft, der Edelsteine erhältst, solltest du neue Steine immer erst einmal energetisch reinigen bzw. entladen.

Zum energetischen Reinigen bevorzuge ich die drei Methoden: Wasser, Räuchern oder Hämatit-Trommelsteine.

Wasser
Spüle deine Kristalle unter lauwarmem Wasser ab, und stelle dir dabei vor, wie jegliche energetischen Abdrücke gelöst und weggespült werden. Die Visualisierung des Auslösens und Wegspülens ist hierbei mindestens genauso wichtig wie das Wasser selbst. Sei ganz fokussiert auf dein Tun.

Räuchern

Das Räuchern von Weihrauch, Palo Santo oder Weißem Salbei ist eine kraftvolle Reinigungsart für Edelsteine. Halte deinen Edelstein für einige Sekunden in den aufsteigenden Rauch, und visualisiere, wie der Rauch jedwede Fremdenergie aus dem Kristall löst.

Hämatit

Hämatit ist traditionell ein stark leitender Stein, der Energien gut aufnehmen kann. Lege deinen Edelstein über Nacht in eine Schale mit kleinen Hämatit-Trommelsteinen. Die Hämatitsteine wiederum kannst du in Bergkristallen regenerieren.

TIPP:
Wassersteine benötigen allein aus hygienischen Gründen eine regelmäßige gründliche Reinigung unter fließendem Wasser – benutze hierzu gegebenenfalls eine Bürste.

Crystal Grids und mehr: Die Kraft der Steine mit Ritualen verstärken

Jegliche Arbeit mit den Kristallen ist ein Ritual, das uns hilft, uns auf eine bestimmte Kraft zu fokussieren und diese zu lenken. Die Rituale in diesem Buch in Verbindung mit den Crystal Grids sind eine wichtige Form der energetischen Arbeit mit Kristallen. Da, wo ein gelegtes Grid wirkt, können wir die Energie unseres Geistes in einem Ritual nochmals zum Ausdruck bringen und die Manifestation auf diese Weise beschleunigen.

Im Folgenden findest du deshalb nicht nur Beispiele für Crystal Grids, sondern auch passende Rituale, mit denen du sowohl die Kraft deiner Grids verstärken als auch unabhängig von den Grids an einem bestimmten Thema arbeiten kannst.

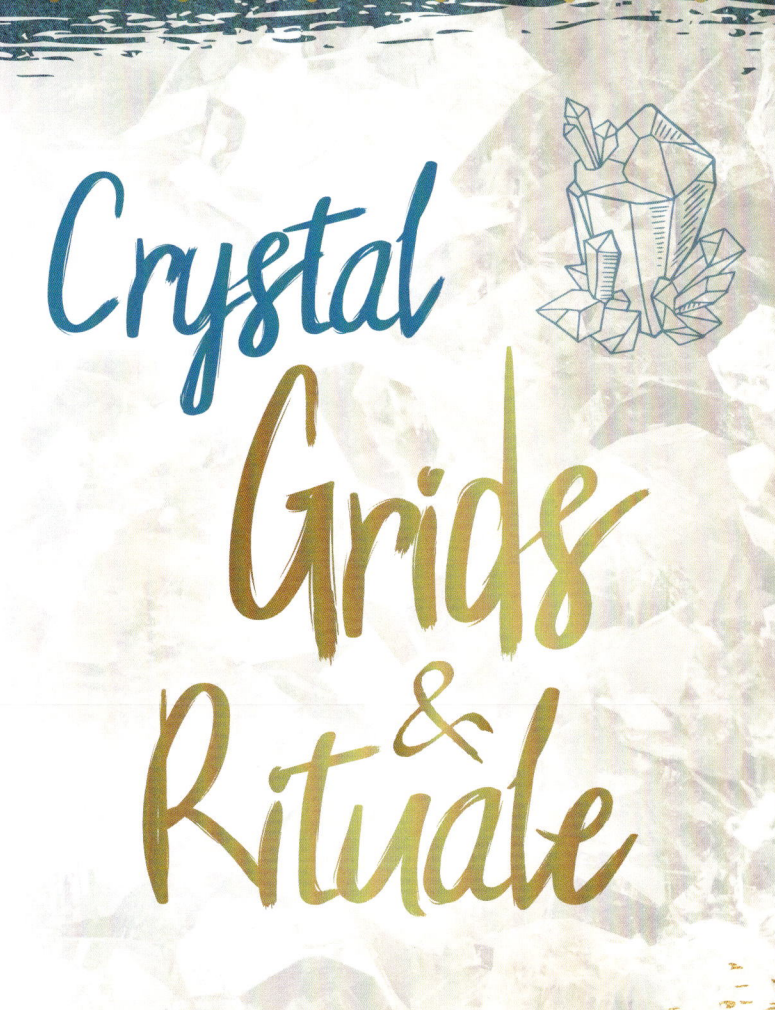

Crystal Grids & Rituale

Crystal Grid: Herzenswunsch

Wonach sehnt sich dein Herz? Was steht ganz oben auf deiner Wunschliste? Mit diesem Grid kannst du deinem Herzenswunsch eine Form geben. Denke immer daran, dass es keine großen oder kleinen Wünsche gibt, sondern jeder Wunsch dieselbe Wertigkeit hat. Du musst also nicht mit einem vermeintlich kleinen Wunsch anfangen, sondern kannst mit diesem Grid deinem wahren Herzenswunsch Ausdruck verleihen. Wichtig ist nur, dass es sich um einen positiv besetzten Wunsch handelt und der freie Wille unseres Gegenübers gewahrt bleibt.

TIPP:
Als wir dieses Grid entwickelt haben, war gerade Pilzsaison. Fliegenpilze sind DAS Glückssymbol und stehen darüber hinaus für Fruchtbarkeit, Visionen und Segen, und sie erhöhen die erfolgreiche Schwingung dieses Grids. Jedoch musst du nicht erst auf die Fliegenpilzsaison warten, um das Grid zu legen. Verwende stattdessen einen einzelnen getrockneten Fliegenpilz oder aber einen künstlichen. Es geht allein um die Symbolik, für die der Pilz steht.

Was du dazu brauchst:

- 30 kleine Bergkristallspitzen
- 1 großen Bergkristall
- 1 Fliegenpilz (frisch, getrocknet oder künstlich)
- 1 Bund Salbei, Palo Santo oder Weihrauch
- 1 Aktivierungskristall

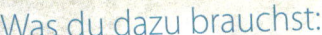

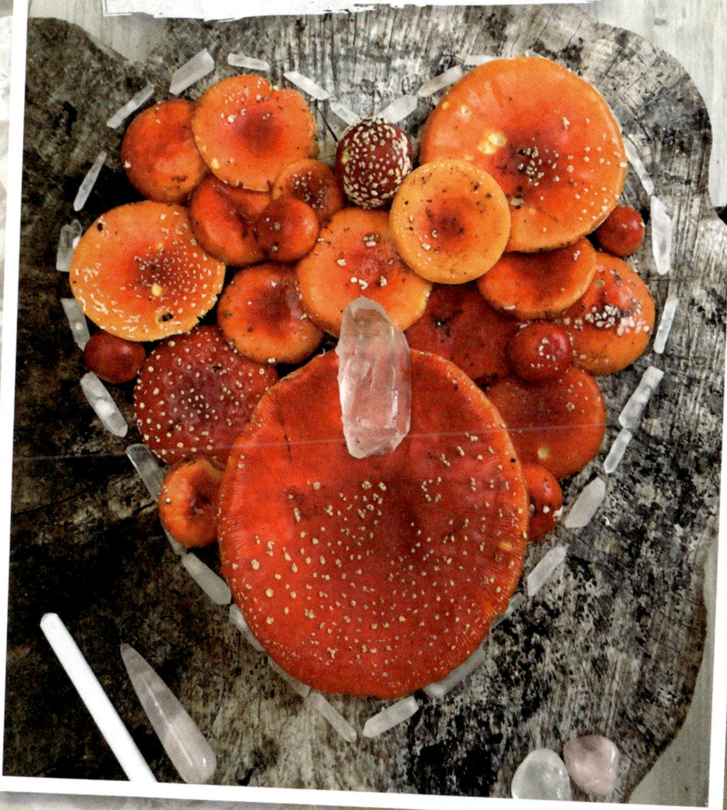

Ritual:

- Beginne damit, deine Kristalle zu reinigen. Kläre mithilfe eines Räucherstoffs deinen Ritualplatz.
- Breite die Kristalle vor dir aus. Nimm den großen Bergkristall in die Hände, schließe deine Augen, und atme einige Male tief ein und aus, bis du in einen Zustand von innerer Ruhe und Klarheit gelangst. Bitte deine Höhere Führung um Schutz und Fokus. Stelle dir das Gefühl vor, das du hast, wenn du deinen Herzenswunsch erlangt hast. Wärme den Bergkristall mit deinen Händen, und sprich deinen Wunsch dreimal aus mit folgenden Worten: *»Ich danke dafür, dass mein Wunsch … in die Wirklichkeit tritt.«* Beziehe alle deine Sinne mit ein, um den Wunsch in dir zu formen, und halte das Bild des erfüllten Wunsches für neun Herzschläge.
- Halte den Bergkristall in einer Hand, platziere mit der anderen Hand den Pilz in der Mitte des Grids, und lege den großen Bergkristall dann auf die Pilzkappe. (Falls du einen getrockneten Pilz nutzt, dann lege nur die Kappe in die Mitte. Wenn du einen künstlichen Pilz verwendest, stelle diesen in die Mitte, und lege den Kristall an den »Fuß« des Pilzes.)
- Platziere die Bergkristallspitzen in Form eines Herzens um die Mitte herum.
- Nimm nun den Aktivierungskristall zur Hand, und verbinde alle Kristalle (energetisch) miteinander.
- Lasse dieses Grid mindestens neun Tage liegen.

Crystal Grid: Gesunde Grenzen

Für jeden von uns ist es wichtig, Grenzen zu ziehen, und zwar so, dass es uns selbst gut damit geht. Dieses Grid darf dir dabei helfen, dich besser abzugrenzen, für dich selbst zu sorgen und dir klarzumachen: So weit und nicht weiter. Es ist die Zeit gekommen, Grenzen zu ziehen. Diese dürfen kraftvoll sein, und trotzdem dürfen sie für jeden offen sein, der dir wirklich guttut. Durch das Abstecken deiner Grenzen schenkst du dir selbst Kraft, Ausdauer und Raum für Inspiration. Prüfe, wo du stabilere Grenzen ziehen müsstest und an welchen Stellen du aus Angst oder Unsicherheit unnötige Grenzen gezogen hast. Damit deine eigenen Grenzen gewahrt bleiben, darfst du auf die anderer achten und besonnen darauf reagieren. Sei achtsam mit dir. Ziehe heilsame Grenzen.

Was du dazu brauchst:

- ➤ 12 Obsidianpfeilspitzen
- ➤ 8 Schneeflockenobsidiane (Trommelsteine)
- ➤ 8 schwarze Turmaline
- ➤ 1 Bund Salbei, Palo Santo oder Weihrauch
- ➤ 1 Aktivierungskristall

Ritual:

- Beginne damit, deine Kristalle zu reinigen. Kläre mithilfe eines Räucherstoffs deinen Ritualplatz.
- Breite die Kristalle vor dir aus. Nimm die Pfeilspitzen in die Hände, schließe deine Augen, und atme einige Male tief ein und aus, bis du in einen Zustand von innerer Ruhe und Klarheit gelangst. Bitte deine Höhere Führung um Schutz und Fokus. Stelle dir vor, wie gesunde Grenzen gezogen werden und wie die, die du auflösen möchtest, sich auflösen. Wärme die Steine mit deinen Händen, und sprich folgende Worte dreimal: *»Ich danke dafür, dass gesunde Grenzen in mein Leben treten und sich heilsam entfalten.«* Beziehe alle deine Sinne mit ein, um die Grenzen in dir zu formen, und halte das Bild für neun Herzschläge.
- Lege aus sechs der Pfeilspitzen eine senkrechte Linie in der Mitte deines Platzes.
- Lege an die dritte Pfeilspitze von oben drei Pfeilspitzen nach links im 45-Grad-Winkel. Wiederhole dies auf der rechten Seite.
- Platziere nun abwechselnd die Schneeflockenobsidiane und Turmaline im Kreis um die Rune Algiz, die du aus den Pfeilspitzen geformt hast. Beginne mit einem Turmalin an der Spitze der senkrechten Linie.
- Nimm den Aktivierungskristall zur Hand, und verbinde alle Kristalle (energetisch) miteinander.

Salz ist ein effektives und heilsames Mittel, mit dem du nicht nur deine Kristalle reinigen, sondern auch eine bestimmte Energie lenken kannst. Wir arbeiten sehr gern mit Meer- oder Steinsalz, das wir immer vorrätig haben. Wichtig zu wissen ist, dass Salz eine sehr starke Schwingung hat, die wie ein energetischer Staubsauger wirkt. Daher ist es gut, wenn du es mit einer von dir festgelegten Intention auflädst.

Was du dazu brauchst:

- 1 Schale Meer- oder Steinsalz
- ein paar Kristalle deiner Wahl je nach Intention:
  - » KLARHEIT & FOKUS: Bergkristall, Aventurin, Fluorit, Herkimer Diamant, Coelestin
  - » ERDUNG, FÜLLE & ERFOLG: Sodalith, Jaspis, Pyrit, Granat, Karneol, Citrin, Turmalin
  - » LIEBE & MITGEFÜHL: Rosenquarz, Mondstein, Chrysopras, Rubin, Kunzit, Opal
- 1 Bund Salbei, Palo Santo oder Weihrauch

Botschaft des Bergkristalls

»Ich kläre, ich reinige, ich potenziere. Alles, womit ich in
Berührung komme, wird rein, strahlend und hell.
Ich besitze die Fähigkeit, alles in seiner Schwingung
zu erhöhen und Energien zu leiten.

Nutze mich, um Licht und Reinheit in deine Zellen
zu befördern, deine Aura und Energiezentren optimal
auszurichten und deine Umgebung klar,
weit und friedlich zu halten.«

Ritual:

- Beginne damit, deine Kristalle zu reinigen. Kläre mithilfe eines Räucherstoffs deinen Ritualplatz.
- Nimm die Schale mit dem Salz in deine Hände, und sprich folgendes Gebet dreimal: *»Möge dieses Salz rein und frei von jeglicher Fremdenergie sein und in sich das Wesen der Heilung offenbaren. Jetzt!«*
- Lege nun ein paar deiner Kristalle in das Salz, und lasse sie über Nacht darin liegen. Auch sie werden durch das Salz von Fremdenergien gereinigt und geklärt und in ihre ursprüngliche Schwingung versetzt – jedoch wird ihre Heilwirkung auf das Salz übertragen.
- Am nächsten Morgen kannst du die gereinigten Kristalle entfernen und für deine Zwecke nutzen.
- Nimm nun das aufgeladene Salz, und probiere Folgendes damit aus:
  » Nutze das Salz zum Abschmecken deiner Speisen.
  » Streue es in einer feinen Linie um eines deiner Grids, um es zu schützen.
  » Wenn du dich besser abgrenzen und unerwünschte Menschen sowie Fremdenergien loslassen willst, streue eine Linie aus Salz am Abend vor deine Tür, und lasse, wenn möglich, diese Linie ein paar Tage bestehen.
  » Ziehe mit dem Salz einen Kreis auf dem Boden, und meditiere darin – was für eine erhebende Erfahrung!

Crystal Grid: Fülle

Es gibt das schöne Sprichwort, dass ein Imker dank seiner Bienen immer aus der Fülle schöpfen kann. Dieses Grid ist deshalb von den Bienen und ihren Waben inspiriert. Ob Geld, Liebe, Freundschaft, Vertrauen oder Freude – dieses Grid darf und soll dich an die Fülle im Leben erinnern. Es soll dir zeigen, dass du dir die Fülle erlauben darfst und du, wenn du in der Fülle bist, niemandem etwas wegnimmst, sondern dass für jeden von uns alles zur Verfügung steht. Wer schon einmal in einen Bienenstock hineingesehen hat, der wird wissen, dass die Bienen immer fleißig sind und immer etwas zu tun haben, um das flüssige Gold zu produzieren. Also bleibe auch du nicht untätig. Gleichzeitig soll dich dieses Grid bei all deinen Bemühungen unterstützen.

Was du dazu brauchst:

- ❯ 6 Citrinspitzen
- ❯ 2 Aragonite
- ❯ 8 Orangencalcite
- ❯ 36 kleine Bergkristallspitzen
- ❯ 1 Bund Salbei, Palo Santo oder Weihrauch
- ❯ 1 Aktivierungskristall

Ritual:

- Beginne damit, deine Kristalle zu reinigen. Kläre mithilfe eines Räucherstoffs deinen Ritualplatz.
- Breite die Kristalle vor dir aus. Nimm vier Bergkristallspitzen in die Hände. Schließe deine Augen, und atme einige Male tief ein und aus, bis du in einen Zustand von innerer Ruhe und Klarheit gelangst. Bitte deine Höhere Führung um Schutz und Fokus. Stelle dir vor, wie Fülle ohne Wenn und Aber in dein Leben fließt. Wärme die Steine mit deinen Händen, und sprich folgende Worte dreimal: *»Ich danke dafür, dass Fülle in mein Leben getreten ist.«* Beziehe alle deine Sinne mit ein, um die Fülle in dir zu formen, und halte das Bild für neun Herzschläge.
- Lege die vier Bergkristallspitzen zu einem Andreaskreuz. Es markiert die Mitte deines Grids.
- Vervollständige dann mit je vier mal vier Bergkristallspitzen alle Seiten des Kreuzes zu vier Waben um die Mitte herum.
- Lege anschließend die verbleibenden sechzehn Bergkristalle im 45-Grad-Winkel an die entstandenen Waben, und lasse so vier weitere Waben entstehen.
- Platziere in jeder Wabe einen Orangencalcit, und lege links und rechts an die Spitzen der Waben einen Aragonit.
- An die oberen und unteren Spitzen der Waben lege die Citrinspitzen.
- Nimm nun den Aktivierungskristall zur Hand, und verbinde alle Kristalle (energetisch) miteinander.

Crystal Ritual: Manifestation der Fülle

»Fülle zu manifestieren, ist eines der einfachsten Dinge« – das sage ich (Dennis) häufig in meinen Seminaren und blicke immer wieder in ungläubige Gesichter. Dabei ist Fülle nur das natürliche Resultat innerer gefüllter Räume, die sich unweigerlich auch äußerlich füllen, wenn wir diesen berühmten Wohlstand in uns verankert haben. Mit diesem einfachen Ritual sendest du deinen Wunsch nach Fülle in die Weiten des Himmels. Der Pyrit zieht Fülle magisch an, und der Bergkristall verstärkt diese Kraft mithilfe seines Lichts.

Was du dazu brauchst:

- 1 Pyrit
- 1 kleinen Bergkristall
- 1 Kerze
- 1 Zettel und 1 Stift
- 1 feuerfeste Räucherschale
- etwas Weihrauch

Botschaft des Pyrits

»Durch meine erdende, energie- und kraftvolle Aura
schenke ich dir ein Bewusstsein von Fülle.
Ich ziehe Reichtum an, wenn du es zulässt,
deinen Selbstwert zu korrigieren und zu fördern.

Mit mir fällt es dir leichter, zu wachsen und Erfolg in
allen Lebenslagen zu erreichen.

Lasse uns gemeinsam neue Wege gehen,
neue Erkenntnisse erreichen und in die
Fülle eintauchen.«

Ritual:

- Beginne damit, deine Kristalle zu reinigen. Kläre mithilfe eines Räucherstoffs deinen Ritualplatz.
- Erstelle eine kleine überschaubare Liste mit Dingen, die du erfüllt haben willst, z. B. eine bestimmte Geldsumme oder die Fähigkeit, Geld zu sparen.
- Lege den Zettel in die Nähe eines Fensters, und lege darauf den Pyrit und den Bergkristall sowie eine Kerze, die du entzündest, um die weise, transformierende Kraft des Feuers zu nutzen, und die Räucherschale, in der du etwas Weihrauch verbrennen lässt.
- Öffne das Fenster, und sieh zu, wie der Rauch als dein Wunsch nach Fülle in den Himmel getragen wird. Begib dich währenddessen in eine sanfte Meditation, und stelle dir vor, wie es sich anfühlt, diese Fülle vollends in dir aktiviert zu haben.
- Wenn du magst, lasse die Ritualutensilien an ihrem Platz liegen und wiederhole die Meditation hin und wieder.

Crystal Grid: Ho'oponopono

Ho'oponopono ist eines der bekanntesten Vergebungsrituale, und doch gibt es dieses Ritual in außerordentlich vielen Variationen. Zu vergeben, heißt, uns von den Energien zu befreien, die uns binden, weil wir noch grollen oder zürnen. Ziel dieser Arbeit ist es, mit sich selbst und den Menschen in Harmonie zu leben, ausgeglichen, gesund und gelassen zu sein, um sein Leben glückwärts zu lenken. Alles, was es dazu braucht, sind die Worte: »Bitte verzeihe mir, es tut mir leid, ich liebe dich – danke!« Die Möglichkeiten, das Ho'oponopono anzuwenden, sind genauso unbegrenzt wie die Grids. Ob es nun um Probleme mit Personen oder Energien, um blockierende Glaubenssätze oder um Konflikte geht, mit Ho'oponopono kann all dies gelöst werden, und auch das Grid kann und wird dich dabei unterstützen.

Was du dazu brauchst:

- 1 Rauchquarz (flacher Seifenstein)
- 8 kleine Rosenquarzsplitter
- 4 große Disthen (Cyanit)
- 8 Bergkristallspitzen
- 8 kleine Disthen (Cyanit)
- 16 bunte kleine Turmaline
- 24 Friedensachte
- 1 kleine Tonschale
- 1 Zettel und 1 Stift
- Streichhölzer
- 1 Bund Salbei, Palo Santo oder Weihrauch
- 1 Aktivierungskristall

# Ritual:

- Beginne damit, deine Kristalle zu reinigen. Kläre mithilfe eines Räucherstoffs deinen Ritualplatz.
- Breite die Kristalle und Utensilien vor dir aus. Nimm den Rauchquarz in die Hände, schließe deine Augen, und atme einige Male tief ein und aus, bis du in einen Zustand von innerer Ruhe und Klarheit gelangst. Bitte deine Höhere Führung um Schutz und Fokus. Stelle dir vor, wie Harmonie in dir entsteht und du loslassen kannst, um zu verzeihen. Wärme den Stein mit deinen Händen, und sprich folgende Worte dreimal: *»Ich danke dafür, dass ich verzeihen kann und frei bin.«* Beziehe alle deine Sinne mit ein, und halte das Bild für neun Herzschläge.
- Platziere nun den Rauchquarz in der Mitte deines Platzes.
- Lege die acht Rosenquarzsplitter im Kreis um den Rauchquarz herum, und platziere vier große Disthen als Strahlen oben, unten, rechts und links.
- Lege vier Bergkristallspitzen als Strahlen genau dazwischen, und verlängere sie jeweils mit einer weiteren Bergkristallspitze.
- Lege einen zweiten Kreis aus Disthen um den Kreis aus Rosenquarzen.
- Lege einen dritten Kreis aus bunten Turmalinen auf Höhe der zweiten, äußeren Bergkristallspitzen. Platziere dafür je zwei Steine zwischen den Bergkristallspitzen und den Disthen.

- Nun lege die Friedensachate in einem vierten Kreis außen um das Grid herum.
- Stelle die kleine Schale auf den Rauchquarz, nimm den Aktivierungskristall zur Hand, und verbinde alle Kristalle (energetisch) miteinander.
- Schreibe auf den Zettel, was oder wem du vergeben möchtest, und entzünde ihn. Mache dir in dem Moment ganz bewusst, dass du diese Energie freilässt und du nicht mehr an sie gebunden bist. Lasse den Zettel in der Tonschale verbrennen.
- Meditiere für mindestens 38 Minuten vor dem Grid.

Crystal Grid: Intuition

Wieder lernen, ganz auf sein Bauchgefühl zu hören, ohne dass die nervigen Gedanken an einem nagen, das ist für viele heute wichtiger denn je. Oft hören wir unser Bauchgefühl, jedoch grätscht der Verstand mit seinen Befürchtungen und veralteten Denkmustern rein, und wir verwerfen, was uns die Intuition schon zuruft. Nicht selten stellen wir im Nachhinein fest, wie viel besser es doch gewesen wäre, auf genau diese Stimme tief in uns zu hören. Mit diesem Grid kannst du dein Bauchgefühl stärken, den »Lautstärkeregler« deiner Intuition hochdrehen und deinen Weg müheloser gehen.

HINWEIS:
Der Kessel ist ein Symbol für Wandlung, Transformation, Fülle, Nahrung und das eigene Bauchgefühl.

Was du dazu brauchst:

- 1 kleiner Kessel
- 1 Teelicht
- 2 Mondsteine (Rohsteine)
- 2 Mondsteine (Trommelsteine)
- 12 Citrinspitzen

- 4 Bergkristallspitzen
- 4 Herkimer Diamanten
- 1 Bund Salbei, Palo Santo oder Weihrauch
- 1 Aktivierungskristall

Ritual:

- Beginne damit, deine Kristalle zu reinigen. Kläre mithilfe eines Räucherstoffs deinen Ritualplatz.
- Breite die Kristalle vor dir aus. Nimm den Kessel in die Hände, schließe deine Augen, und atme einige Male tief ein und aus, bis du in einen Zustand von innerer Ruhe und Klarheit gelangst. Bitte deine Höhere Führung um Schutz und Fokus. Stelle dir vor, wie deine Intuition lauter, spürbarer und vertrauenswürdiger wird. Wärme den Kessel mit deinen Händen, und sprich folgende Worte dreimal: *»Ich danke dafür, dass ich meiner Intuition vertrauen kann.«* Beziehe alle deine Sinne mit ein, um dein Bauchgefühl zu formen, und halte das Bild für neun Herzschläge.
- Stelle nun den Kessel in die Mitte deines Platzes.
- Lege je zwei Bergkristallspitzen als Verlängerung des Kessels links und rechts daneben. Lege in die Zwischenräume zwischen den Bergkristallen und an deren äußeres Ende jeweils einen Herkimer Diamanten.
- Lege jeweils einen Citrin im Andreaskreuz um den Kessel und je einen zweiten Citrin als Verlängerung über diese.
- Platziere die zwei Mondsteintrommelsteine oberhalb und unterhalb des Kessels, und verlängere diese mit dem Mondsteinrohstein.
- Platziere je zwei Citrine als Strahlen links und rechts der Mondsteintrommelsteine.

- Nimm nun den Aktivierungskristall zur Hand, und verbinde alle Kristalle (energetisch) miteinander.
- Entzünde das Teelicht, lege es vorsichtig in den Kessel, und lasse es dort 22 Minuten brennen. Wiederhole dies täglich und solange, wie du möchtest.

Crystal Ritual: Peaceful Mind

Das ist vielleicht eines der schönsten Rituale, die unser Gespür und unsere Intuition aktivieren und dafür sorgen, dass wir, je öfter wir in dieses kleine Ritual eintauchen, desto mehr Frieden und Balance in unserem Geist aktivieren bzw. reaktivieren. Zudem lernst du die Qualität eines Kristalls kennen, gehst in eine Beziehung mit ihm und tauchst in die Weisheit seiner vielen Facetten ab.

Was du dazu brauchst:

› 2 Kristalle, die gut in deiner Hand liegen und möglichst die gleiche Größe haben
› Meditationsmusik
› 1 Bund Salbei, Palo Santo oder Weihrauch

Ritual:

- Beginne damit, die beiden Kristalle zu reinigen. Kläre mithilfe eines Räucherstoffs deinen Ritualplatz.
- Wähle eine für dich passende Musik, die dir hilft, ganz bei dir selbst anzukommen, und richte dir deinen Ritualplatz so ein, dass du bequem auf einem Stuhl oder Kissen sitzen kannst – gern kannst du dich auch anlehnen.
- Nimm je einen Kristall in deine Hand, und atme bewusst mehrmals tief ein und aus. Stelle dir vor, wie deine Handchakras sich öffnen und die jeweilige Energie des Kristalls ganz in deinen Körper einfließen kann. Bleibe nun ganz entspannt, wachsam und bei dir. Atme.

TIPP:

Für dieses scheinbar einfache Ritual, das eine tiefe energetische Wirkung haben kann, empfehlen wir folgende Kristalle: Amethyst, Bergkristall, Fluorit, Lapislazuli, Cyanit oder auch Rauchquarz.

Botschaft des Rauchquarzes

»Schließe deine Augen, atme tief ein und aus,
komme zur Ruhe, und finde deine innere Mitte. Ich
unterstütze deinen Blick nach innen. Ich gebe dir den
nötigen Raum, um ganz bei dir anzukommen und
deine Meditation zu fördern.

Mit mir fällt es dir leichter, jegliche Schwere, Blockaden
und auch Ängste zu wandeln und einzutauchen
in das ewige Licht, das du bist.

Denn ich bin es, der dir zeigt,
wie viel Leuchtkraft in dir steckt.«

Crystal Grid: Angel Communication

Engel sind stets an unserer Seite. Sie führen und leiten uns durch unser Leben und legen ihren schützenden Mantel um uns, wann immer wir darum bitten. Mit diesem Grid kannst du die Kommunikation mit den Engeln, Schutzengeln und Erzengeln verstärken. In der Zeit, in der das Grid auf dem von dir ausgesuchten Platz liegt, errichtet sich ein mächtiges Lichttor, das Wunder und Möglichkeiten magnetisch anzieht.

Was du dazu brauchst:

- ❯ 1 Bergkristallspitze
- ❯ 3 Aqua-Aura-Kristalle oder Engel-Aura-Quarze
- ❯ 3 Bergkristalle (Trommelsteine)
- ❯ 3 Türkise
- ❯ 3 Aquamarine
- ❯ eine Vielzahl an kleinen Quarzspitzen
- ❯ 1 Bund Salbei, Palo Santo oder Weihrauch
- ❯ 1 Aktivierungskristall

Ritual:

- Beginne damit, deine Kristalle zu reinigen. Kläre mithilfe eines Räucherstoffs deinen Ritualplatz.
- Gehe in ein kurzes Gebet oder eine Meditation, in dem/der du deine Schutzengel, Helferengel oder Erzengel rufst. Sollte dir ein ganz bestimmter Engel erscheinen, kannst du diesen als Führer des Grids bestimmen.
- Stelle nun in die Mitte deines Platzes die Bergkristallspitze, und sage: *»Ich bitte um Höhere Führung …«*
- Lege die drei Aqua-Aura-Kristalle darum, und sage: *»Ich empfange und lausche …«*
- Platziere die Bergkristalltrommelsteine in den Zwischenräumen der Aqua-Aura-Kristalle, und sage: *»Klarheit durchströmt jede meiner Zellen …«*
- Lege die Türkise als Verlängerung der Bergkristalltrommelsteine aus, und sage: *»Mein Kanal ist rein, und ich bin bereit, Wunder zu erkennen …«*
- Lege mit etwas Abstand die Aquamarine als Verlängerung der Aqua-Aura-Kristalle aus, und sage: *»So sei es …«*
- Zum Schluss platziere so viele Quarzkristalle wie möglich in den Freiräumen, und achte währenddessen auf Botschaften.
- Lasse das Grid einige Tage wirken, und meditiere täglich – oder wann auch immer es sich für dich richtig anfühlt – an diesem Platz.

Crystal Grid: Loslösung von negativen Energien und Süchten

Oft ist es, als wenn ein unsichtbares Band uns festhält. Immer wieder kommen quälende Gedanken hoch oder treten entsprechende Situationen oder Menschen in unser Leben, obwohl wir fest davon ausgegangen sind, dass wir bereits alles gelöst haben. Aus irgendeinem Grund kommt es immer wieder zurück – diese eine Person oder dieses eine Verhalten, das wir aus unserem Leben streichen wollen. Und doch geht es nicht. Aus dieser Schleife hinaustreten, dich von dem lösen, was dich bindet, und wieder frei agieren können, dabei darf dir dieses Grid helfen.

Was du dazu brauchst:

- 1 Athame
- 1 Kupferkugel
- 4 schwarze Turmaline
- 4 Rauchquarze (Trommelsteine)
- 4 Rosenquarze (Trommelsteine)
- 8 Bergkristallspitzen
- 4 Disthen (Cyanit)
- 1 Bund Salbei, Palo Santo oder Weihrauch
- 1 Aktivierungskristall

Ritual:

- Beginne damit, deine Kristalle und Utensilien zu reinigen. Kläre mithilfe eines Räucherstoffs deinen Ritualplatz.
- Breite alle Utensilien vor dir aus. Nimm das Athame in die Hände, schließe deine Augen, und atme einige Male tief ein und aus, bis du in einen Zustand von innerer Ruhe und Klarheit gelangst. Bitte deine Höhere Führung um Schutz und Fokus. Stelle dir vor, wie sich alles auflöst, was dich unnütz bindet. Wärme das Athame mit deinen Händen, und sprich folgende Worte dreimal: *»Ich danke dafür, dass ich frei bin.«* Beziehe alle deine Sinne mit ein, und halte das Bild für neun Herzschläge.
- Platziere nun das Athame in der Mitte deines Platzes, und lege die Kupferkugel darauf.
- Lege die vier Rauchquarze ober- und unterhalb sowie rechts und links des Athames, die Spitze der Schneide des Athames zeigt dabei nach unten.
- Platziere links und rechts neben den Rauchquarzen, die an den Enden des Athames liegen, jeweils einen schwarzen Turmalin. Links und rechts der Rauchquarze, die an den Seiten des Athames liegen, lege je einen Rosenquarz.
- Im Winkel von 45 Grad zu dem Athame lege aus vier Disthen (Cyanit) ein Andreaskreuz.
- Vervollständige das Grid, indem du links und rechts neben die Disthen jeweils einen Bergkristall legst.
- Nimm nun den Aktivierungskristall zur Hand, und verbinde alle Kristalle (energetisch) miteinander.

Botschaft des Rosenquarzes

»Ich bin da, um dich an die universelle Liebe in deinem Herzen zu erinnern und dir unentwegt beizustehen, wenn du vergisst, wozu du hier bist – um dein Herz zu öffnen.

Mit mir fällt es dir leicht, dein Vertrauen und deine Achtsamkeit im Umgang mit dir und anderen zu fördern.

Nimm mich zur Hand, wenn du Groll und Ärger spürst, dein Herz zu zerreißen scheint oder dir Ruhe und Erholung fehlen.«

Crystal Grid: Manifestation

Was fehlt dir noch? Was möchtest du in dein Leben ziehen, damit es an Form, Geschmack, Struktur, Duft und Wohlklang gewinnt? Dieses Grid darf dich dabei unterstützen, Dinge, die du dir wünschst, sichtbar zu machen. Du musst nicht warten, bis diese Dinge passieren, sondern darfst aktiv etwas tun, um das in dein Leben zu ziehen, wonach du dich sehnst. Mithilfe dieses Grids kannst du diesen Prozess beschleunigen.

HINWEIS:

Wir verwenden die Karte »Lichtvoller Hase« aus dem Kartenset »Avalon: Spüre das Licht der Kelten in dir« von Anne-Mareike Schultz und Petra Arndt (erschienen im Schirner Verlag). Sie symbolisiert Fülle, absolutes Glück und Freude.

Was du dazu brauchst:

- 1 Karte, die »Fülle« symbolisiert
- 1 Manifestationskristall
- 4 schwarze Turmaline
- 4 Citrinspitzen
- 4 Obsidianpfeilspitzen
- 6 Sandrosen
- 4 grüne Fluoritspitzen
- 1 Bund Salbei, Palo Santo oder Weihrauch
- 1 Aktivierungskristall

Ritual:

- Beginne damit, deine Kristalle und Utensilien zu reinigen. Kläre mithilfe eines Räucherstoffs deinen Ritualplatz.
- Breite alle Utensilien vor dir aus. Nimm die Karte in die Hände, schließe deine Augen, und atme einige Male tief ein und aus, bis du in einen Zustand von innerer Ruhe und Klarheit gelangst. Bitte deine Höhere Führung um Schutz und Fokus. Stelle dir vor, wie du das in dein Leben ziehst, wonach du dich sehnst. Wärme die Karte mit deinen Händen, und sprich folgende Worte dreimal: *»Ich danke dafür, dass ich … manifestiere und dies in mein Leben tritt.«* Beziehe alle deine Sinne mit ein, und halte das Bild für neun Herzschläge.
- Platziere die Karte in der Mitte deines Platzes, und lege den Manifestationskristall darauf.
- Lege die vier Fluoritspitzen an jeweils eine Ecke der Karte, die Spitzen zeigen von der Karte weg.
- Lege nun an die lange Seite der Karte links und rechts je zwei schwarze Turmaline.
- Als Nächstes lege mit einem kleinen Abstand zu den Turmalinen je drei Sandrosen als senkrechte Linie.

- Links und rechts auf Höhe der unteren und oberen Sand-rosen platziere jeweils einen Citrin. Die Spitze sollte nach außen zeigen.
- Zwischen die Citrine lege je zwei Obsidianpfeilspitzen. Die Spitzen zeigen nach außen.
- Nimm nun den Aktivierungskristall zur Hand, und verbinde alle Kristalle (energetisch) miteinander.
- In den kommenden 29 Tagen nimm den Manifestations-kristall täglich neun Minuten zur Hand, und denke, ohne zu zweifeln, an dein Ziel.

Crystal Ritual: In »Blut« getauchte Füße (Erdung & Balance)

Hämatit ist wohl einer der kraftvollsten Kristalle, der uns hilft, uns gut zu erden und die Balance im Leben wiederzufinden. Er zieht äußerst stark negative Gedanken und Energien aus unserem Körper ab und regt die Lebenssäfte, unser Blut, kraftvoll an. Er ist auch als Blutstein bekannt. Führe dieses Ritual immer dann aus, wenn dir danach ist, dich zu stabilisieren und zu erden. Achtung: Dieses Ritual kann süchtig machen.

Was du dazu brauchst:

› möglichst viele kleine Hämatite (Trommelsteine)
› 1 kleine Fußwanne

Ritual:

- Bei diesem Ritual ist eine Reinigung der Hämatite in der Regel nicht notwendig, du kannst jedoch visualisieren, wie die Kristalle durch Licht gereinigt werden.
- Bereite die Fußwanne vor, indem du die Hämatite hineinfüllst.
- Nun tauche mit deinen Füßen in die angenehm kühlenden Kristalle, und bewege deine Füße leicht hin und her, um deine Fußreflexzonen anzuregen. Das ermöglicht der Energie des Hämatits auch, besser in dich einzudringen.
- Lehne dich zurück, und genieße das Bad!
- Am Ende des Bads kannst du gern erneut ein wenig deine Füße bewegen und die Reflexzonen damit anregen.

HINWEIS:

Dieses Ritual ist auch mit anderen Kristallen möglich, z. B. wirken kleine Bergkristalle sehr klärend auf dein Energiefeld und transportieren Licht und Klarheit in deinen Körper. Kleine Rosenquarze stärken deine Selbstliebe und wirken stark entstressend. Kleine Amethyste hingegen bewirken, dass du ganz zur Ruhe kommst und in eine meditative Stimmung geführt wirst. Außerdem wirkt Amethyst entschlackend sowie stärkend für jeglichen Reinigungsprozess.

Botschaft des Hämatits

»Stärke, Präsenz und Stabilität sind mein Geschenk an dich
und die Menschheit. Mit mir an deiner Seite schöpfst du
Mut und äußerst viel Kraft, um deine Schritte präzise und
weise zu gehen. Ich rege besonders das Fließen des Blutes
in deinen Adern an und bin dem Blut im Laufe des Lebens
sehr ähnlich: Ich fließe, und ich bringe zum Fließen.

Schöpfe aus meiner Kraft. Treibe in deinem Saft
des Lebens. Wandle, stabilisiere und kreiere mit
meiner Unterstützung.«

Dieses Crystal Grid entstand in einer Zeit, in der wir uns eine große Transformation bestimmter Themen wünschten. Wir überlegten uns, was es zu lösen, zu verändern, zu beginnen und zu empfangen galt – wir staunten, als wir, angebunden an das große Ganze einen Schmetterling legten. Der Schmetterling steht archetypisch für Transformation, Wandlung und Neubeginn. Mit der Kraft des Schmetterlings als Symbol zu arbeiten, wirkt sehr öffnend – nicht zuletzt kann es dir dadurch leichter fallen, etwas Neues zu beginnen und etwas Altes, längst Überholtes aus deinem Energie- und Lebensfeld zu entlassen. Es wirkt sehr tief greifend und schnell, wenn du dazu bereit bist.

Was du dazu brauchst:

- 4 (bunte) Achatscheiben
- 4 Bernsteine
- 2 Amethystspitzen
- 12 kleine Quarzspitzen
- einige kleine Hämatite (Trommelsteine)
- 1 Zettel und 1 Stift
- 1 Bund Salbei, Palo Santo oder Weihrauch
- 1 Aktivierungskristall

Ritual:

- Beginne damit, deine Kristalle zu reinigen. Kläre mithilfe eines Räucherstoffs deinen Ritualplatz.
- Gehe in dich, frage dich Folgendes der Reihe nach, und schreibe die Antworten auf einen kleinen Zettel:
  - » Was darf ich lösen?
  - » Welche Veränderung ist notwendig?
  - » Was darf ich beginnen?
  - » Welche Kräfte bin ich bereit zu empfangen?
- Lege die Antworten bzw. die kleinen Zettel auf deinen Platz, und lege darauf die Achatscheiben als Flügel des Schmetterlings.
- Platziere drumherum die Hämatite, die helfen, die Transformation stabil und sicher auszuführen.
- Lege die Bernsteine – je zwei ober- und unterhalb – hin und darüber bzw. darunter je einen Amethysten.
- Lege nun die Quarzspitzen wie auf dem Bild aus.
- Lasse das Grid für mindestens 40 Tage wirken.

Crystal Grid: Ocean Healing

Wir leben auf dem blauen Planeten, dessen Fläche zu 70 % aus Wasser besteht. Wasser ist die wertvollste Ressource auf unserer Erde. Die Meere und Ozeane tragen so viel Wissen in sich und doch auch unfassbar viel Mystik. Ob die Delfine oder Wale uns rufen, die Korallenriffe dieser Welt oder auch die Strände. Das Wasser ist unser Element, denn aus ihm kommen wir. Indem du unseren Weltmeeren Liebe schenkst, rückt auch die Liebe für dich selbst und deinen Ursprung in den Vordergrund. Dieses Grid soll dir dabei helfen, dich mit den Ozeanen zu verbinden, dich geborgen und ganz sicher zu fühlen, aber auch Heilung zu erlangen für dich und die Meere. Natürlich ist uns bewusst, dass wir mit einem Grid nicht die Verschmutzung der Weltmeere rückgängig machen, nicht die Auslöschung von so vielen Lebewesen oder das Ausbeuten von Bodenschätzen aufhalten können, jedoch können wir mit ihm die Regeneration anregen und haben dadurch die Kraft, aktiv etwas für unsere Ozeane und ihre Bewohner zu tun.

HINWEIS:
Muscheln, Schnecken und alles aus den Meeren trägt die Energie des Ozeans und ist ein Symbol für Frieden und Harmonie.

Was du dazu brauchst:

- ➤ 1 mittelgroßes Schneckenhaus
- ➤ 5 Shiva-Augen
- ➤ 4 Silizium (Rohsteine)
- ➤ 6 Muscheln

- ➤ 4 Schneckenhäuser
- ➤ 2 Sanddollar
- ➤ 1 Bund Salbei, Palo Santo oder Weihrauch
- ➤ 1 Aktivierungskristall

Ritual:

- Beginne damit, deine Kristalle und Meeresschätze zu reinigen. Kläre mithilfe eines Räucherstoffs deinen Ritualplatz.
- Breite alle Utensilien vor dir aus. Nimm das mittelgroße Schneckenhaus in die Hände, schließe deine Augen, und atme einige Male tief ein und aus, bis du in einen Zustand von innerer Ruhe und Klarheit gelangst. Bitte deine Höhere Führung um Schutz und Fokus. Stelle dir vor, wie du dich mit den Ozeanen und ihren Bewohnern verbindest.
- Platziere nun das Schneckenhaus in der Mitte deines Platzes.
- Lege abwechselnd die einzelnen Schätze aus dem Meer in einer Spirale, ohne dass sich ein Stück unmittelbar wiederholt.
- Nimm nun den Aktivierungskristall zur Hand, und verbinde alle Schätze (energetisch) miteinander.

TIPP:
Schaue sehr gern in deine Schatzkiste, welche Funde du aus Urlauben mitgebracht hast, und sei ganz frei in der Gestaltung dieses Grids.

Crystal Grid: Kreativität entzünden

Manchmal stecken wir mitten in Zeiten, in denen es uns an Kreativität und dem Mut, etwas Neues zu wagen, fehlt. Wir spüren, es ist Zeit, aber wir finden nicht in die richtige Spur. Mit diesem Crystal Grid kannst du deine Kreativität anzapfen und in einen neuen Flow eintauchen. Der Fluorit spricht dein Energiezentren an und bewirkt, dass du dich für etwas Neues öffnest. Die Amethyste geben Raum und lassen Schöpferisches aus deinem Inneren entstehen. Die Citrine geben dir den nötigen Aufwind und fördern Erfolg, Wachstum sowie eine positive Einstellung. Die Weihrauchkörner helfen, das Crystal Grid in eine enorm hohe Schwingung zu versetzen. Also, worauf wartest du noch?

TIPP:

Solltest du keinen Weihrauch zur Hand haben, kannst du etwas Meer- oder Steinsalz nutzen. Ein ätherisches Öl aus Weihrauch ist ebenfalls möglich. Gib dazu einfach etwas von dem Öl auf die einzelnen Kristalle.

Was du dazu brauchst:

- ➤ 1 Fluorit
- ➤ 6 Amethystspitzen
- ➤ 6 Citrinspitzen
- ➤ etwas Weihrauch

Ritual:

- Beginne damit, deine Kristalle zu reinigen. Kläre mithilfe eines Räucherstoffs deinen Ritualplatz.
- Breite die Kristalle vor dir aus, und sprich siebenmal folgenden Satz (sprechen wir etwas siebenmal, ist dies eine Aufforderung an unser Überbewusstsein): *»Ich bin kreativ, offen für Neues und gewillt, meine Einfälle in Übereinstimmung mit dem großen Ganzen in die Welt zu tragen.«*
- Nun lege den Fluorit in die Mitte, drumherum die Amethyste und um diese die Citrine.
- Nimm nun den Weihrauch zur Hand, und ziehe mit den Körnern einen Kreis, sodass du das Crystal Grid damit umrahmst.
- Lasse das Crystal Grid nun mindestens 40 Tage wirken, und beobachte deinen Geist in diesen Tagen genau. Wir empfehlen dir, während dieser Zeit ein Tagebuch zu führen, in dem du deine Ideen, Einfälle und Inspirationen notieren kannst.

Botschaft des Amethysts

»Ich will mich dir mit meiner majestätischen Anmut und Schönheit schenken und mich dir mit meiner Ruhe, meinem Frieden und meiner Fähigkeit, deine Träume anzuregen, hingeben. Denn die Hingabe an deine Träume, ganz gleich, wie du sie dir erträumst, sind wichtig, damit ich mit dir wirken kann.

Lasse mich dich umarmen, halten, dir Trost spenden und dein Allsehendes Auge öffnen, damit du Wunder erkennst und erfährst, wie schöpferisch du bist.«

Crystal Grid: Positive Gedanken

Positives Denken macht glücklich und erfolgreich. Und doch kennen wir es alle: Wir verfangen uns in einer Spirale aus negativen und lähmenden Gedanken, erdenken Szenarien, die nie eintreten werden, und machen uns damit das Leben selbst schwer. Wir nehmen uns selbst die Lebensfreude. Alles wird zäh, und unsere Gedanken sind so präsent, dass wir niemanden mehr hören als uns selbst. In diesen Situationen wäre es doch schön, wenn es etwas gäbe, was uns Zufriedenheit, Freude und Lust zurückbringt. Dieses Grid darf dir dabei helfen, dich positiv auszurichten, aus dem Gedankenkarussell auszusteigen und dich selbst nicht mehr kleinzumachen.

Was du dazu brauchst:

- 1 schwarzer Turmalin
- 72 kleine Bergkristallspitzen
- 1 Bund Salbei, Palo Santo oder Weihrauch
- 1 Aktivierungskristall

Ritual:

- Beginne damit, deine Kristalle zu reinigen. Kläre mithilfe eines Räucherstoffs deinen Ritualplatz.
- Breite die Kristalle vor dir aus. Nimm den Turmalin in die Hände, schließe deine Augen, und atme einige Male tief ein und aus, bis du in einen Zustand von innerer Ruhe und Klarheit gelangst. Bitte deine Höhere Führung um Schutz und Fokus. Stelle dir vor, wie das Gedankenkarussell stehenbleibt und deine Gedanken von Leichtigkeit und Positivem geprägt werden, ohne Zweifel. Wärme den Stein mit deinen Händen, und sprich folgende Worte dreimal: *»Ich danke dafür, dass meine Gedanken positiv sind.«* Beziehe alle deine Sinne mit ein, um deine Gedanken ins Positive zu wandeln, und halte das Bild für neun Herzschläge.
- Platziere nun den Turmalin in der Mitte deines Platzes.
- Lege 18 Bergkristallspitzen als Strahlen im Kreis um den Turmalin.
- Forme einen zweiten Kreis, indem du 18 weitere Bergkristallspitzen in die Zwischenräume des ersten Kreises legst.
- Verfahre so, bis du alle 72 kleinen Kristalle gelegt hast.
- Nimm nun den Aktivierungskristall zur Hand, und verbinde alle Kristalle (energetisch) miteinander.
- Lasse das Grid für 29 Tage wirken, und meditiere jeden Tag mindestens zehn Minuten neben dem Grid.

Crystal Grid: Edelsteinwasser zur Stärkung der Intuition
von Gastautorin Annett Hering

Edelsteine und Kristalle unterstützen uns auf verschiedenen Ebenen durch ihre energetische Signatur. Im Raum aufgestellt, als Heilstein am Körper getragen und als Edelsteinwasser getrunken geben sie ihre heilenden Informationen an unseren physischen, emotionalen und mentalen Körper ab. Deine Intuition führt dich zu der für dein Anliegen optimalen Nutzungsvariante der edlen Steine. Du fühlst dich dabei unsicher und weißt nicht, ob du deinem Gefühl trauen kannst? Dein Geist übertönt deine Intuition? Das Leben um dich herum ist lauter als die Stimme in deinem Inneren?

Die Auswahl hochwirksamer Edelsteine hilft dir, Wahrnehmungsblockaden zu lösen und das Vertrauen in dein Innerstes wiederherzustellen. Eine Wasserstein-Mischung aus Mondstein, Amethyst, Aquamarin und Orangencalcit wirkt in ihren einzelnen Komponenten wie auch im Zusammenspiel ausgesprochen intensiv. Täglich als Edelsteinwasser eingesetzt, ist es eines der besten Mittel zur energetischen Unterstützung deiner Intuition.

Der **Mondstein** reflektiert das Licht und zeigt sich wie der Mond im ständigen Wandel. Je nach Lichteinfall schimmert er mit mehr oder weniger Tiefe, in verschiedenen Facetten und Farben. Er erinnert uns daran, dass alles Teil eines Zyklus und des Wandels ist und alle Bereiche zum Leben dazugehören. Dieser schillernde Stein stärkt die Intuition, Traumerinnerung und Feinfühligkeit. Er intensiviert die Gefühle und nimmt die Angst davor, diese anzuschauen und zuzulassen.

Der **Amethyst** reinigt den Geist von überflüssigen Gedanken. Vom griechischen Wort »Amethystos« abgeleitet, beschreibt der Name »dem Rausche entgegenwirkend« seine klärende Wirkung. Der Amethyst befreit von seelischen Belastungen, macht uns ruhiger und gelöster. Er fördert das Vertrauen in uns selbst und unterstützt den Blick auf das Wesentliche. Nicht nur in der Meditation steigert er die Wahrnehmung und lässt uns die Geschehnisse um uns herum verstehen und in den richtigen Kontext setzen. Je intensiver sein Violett, desto kräftiger die Wirkung auf uns.

Der **Aquamarin** stärkt mit seinem blaugrünen bis himmelblauen Farbspiel den Weitblick und die Intuition. Er schenkt die Gewissheit und Gelassenheit, dass alles zum richtigen Zeitpunkt passiert. Neue Möglichkeiten können erkannt und besonnen angegangen werden. Gleichzeitig verkörpert der Aquamarin Ausdauer und Durchhaltevermögen und lässt uns unserem Gefühl konsequent folgen.

Den **Orangencalcit** mit seinen doppelbrechenden Lichteigenschaften haben bereits die Wikinger als Navigationshilfe auf den Weltmeeren eingesetzt. Er gilt als Wegweiser, stärkt das Vertrauen in die eigenen Fähigkeiten und fördert die mentale Entwicklung. Dabei lässt er uns klar und schnell reagieren, intuitiv Situationen erkennen und auch Intrigen abwehren.

So stellst du dein Edelsteinwasser her:

Für Edelsteinwasser empfehlen sich unbearbeitete Rohsteine. Sie sind am natürlichsten und haben noch ihre reine, konzentrierte und unbeeinflusste Kraft. Während Trommelsteine geschliffen und oft chemisch behandelt sind, findet man im Rohstein die unverfälschte lebendige Seele des Steins. Um gut informiertes Wasser zu erhalten, solltest du auf einen Liter Wasser 100–150 Gramm Edel-Rohsteine verwenden. Viele kleinere Rohsteine wirken intensiver als ein größerer Stein.

Gefiltertes Wasser ist dem reinen Leitungswasser aus energetischer Sicht vorzuziehen. Doch auch ungefiltertes Wasser profitiert von der Belebung durch Edelsteine.

Du kannst deine Steinmischung direkt in dein Trinkglas legen, Wasser einschenken und lostrinken.

Die wirkungsvollste Methode ist jedoch das kontinuierliche Neuansetzen von Edelsteinwasser. Hierzu nimmst du eine große Karaffe und gibst die gereinigten Steine und Wasser hinein. Von diesem Edelsteinwasser kannst du sofort trinken! Sobald nur noch ca. 25 % Wasser im Gefäß ist, gießt du frisches Wasser auf. Das Edelsteinwasser wird so immer intensiver, da ein Viertel stets im Kontakt mit den Steinen verbleibt. Die Steine sollten dabei immer mit Wasser bedeckt sein. Durch den regelmäßigen Austausch des Wassers kann der Ansatz bis zu sieben Tage verwendet werden, bevor Gefäß und Steine gründlich gereinigt werden sollten.

Nach spätestens drei Monaten oder, wenn du das Gefühl hast, eine Edelsteinwasserpause einlegen zu wollen, ist eine Unterbrechung sinnvoll. Reinige deine Edelsteine gründlich, und verwahre sie trocken an einem gut belüfteten Ort bis zum nächsten Einsatz.

Crystal Grid: Shamanic Journey

Abzutauchen in die Welt der Schamanen und sich in der Anderswelt zu bewegen, ist einfach ein magisches Gefühl. Viele Schamanen aus den verschiedensten Kulturen nutzen Altäre als Start- und Landeplatz für ihre Reisen in die Anderswelt. Ich (Anne-Mareike) arbeite nun schon über 25 Jahre schamanisch und weiß, wie hilfreich es sein kann, sich so einen kleinen Ort zu erschaffen. Jede Kultur verwendet dafür andere Gegenstände, und doch ist eines überall gleich wichtig: dass der Platz nicht überladen ist, sondern eine klare Struktur hat und die Symbolik dahinter stimmt. Warum also nicht ein Grid nutzen? Dieses Grid darf dich bei deinen schamanischen Reisen unterstützen, noch tiefer zu gehen und intensiver zu wirken.

Was du dazu brauchst:

- 1 Lepidolithplättchen
- 2 Moqui-Marbles
- 2 Chrysokoll
- 2 Amazonite
- 2 Seleniteier
- 8 Rhodochrosite
- 4 mittelgroße Bergkristallspitzen
- 8 Pyritwürfel
- 12 kleine Bergkristallspitzen
- 6 Amethystspitzen
- 1 Bund Salbei, Palo Santo oder Weihrauch
- 1 Aktivierungskristall

Ritual:

- Beginne damit, deine Kristalle zu reinigen. Kläre mithilfe eines Räucherstoffs deinen Ritualplatz.
- Breite die Kristalle vor dir aus. Nimm den Lepidolith in die Hände, schließe deine Augen, und atme einige Male tief ein und aus, bis du in einen Zustand von innerer Ruhe und Klarheit gelangst. Bitte deine Höhere Führung um Schutz und Fokus. Stelle dir vor, wie du mühelos in die Anderswelt gleitest und deine Wege findest. Wärme den Lepidolith mit deinen Händen, und sprich folgende Worte dreimal: *»Ich danke dafür, dass ich alle Unterstützung erhalte, die ich benötige.«* Beziehe alle deine Sinne mit ein, und halte das Bild für neun Herzschläge.
- Platziere nun den Lepidolith in der Mitte deines Platzes.
- Lege zwei Moqui-Marbles über bzw. unter den Lepidolith und darüber bzw. darunter die zwei Chrysokoll und anschließend die Seleniteier.

- Platziere je zwei Rhodochrosite als Verlängerung der Seleniteier. Anschließend lege links und rechts zwischen die Rhodochrosite zwei weitere Rhodochrosite wie einen kleinen Flügel.
- Platziere nun rechts und links des Lepidoliths jeweils einen Amazonit, diesen verlängere mit drei Amethystspitzen auf jeder Seite, indem du sie als Strahlen direkt neben dem Amazonit legst.
- Lege über und unter die Amazonite je eine Bergkristall-spitze, und verlängere diese jeweils mit drei kleinen Berg-kristallspitzen als Strahlen an den Enden.
- Nun lege jeweils zwei Pyritwürfel neben die mittelgroßen Bergkristallspitzen.
- Nimm den Aktivierungskristall zur Hand, und verbinde alle Kristalle (energetisch) miteinander.

Crystal Grid: Kristallwasser

Natürlich ist das Herstellen des Edelsteinwassers mit den Kristallen im Wasser die traditionellste Methode, jedoch kannst du dies auch mit einem Grid machen. Nicht nur, weil es Steine gibt, die wir entweder nicht ins Wasser legen wollen oder die nicht ins Wasser gelegt werden sollten, sondern auch, weil wir das Wasser programmieren können, indem die Kristalle in einem Grid um ein Glas oder auch Krug herum gelegt werden.

Was du dazu brauchst:

- 1 Glas oder 1 Krug Wasser
- Kristalle deiner Wahl
- 1 Bund Salbei, Palo Santo oder Weihrauch
- 1 Aktivierungskristall

Ritual:

- Beginne damit, deine Kristalle und Utensilien zu reinigen. Kläre mithilfe eines Räucherstoffs deinen Ritualplatz.
- Breite die Kristalle vor dir aus, schließe deine Augen, und atme einige Male tief ein und aus, bis du in einen Zustand von innerer Ruhe und Klarheit gelangst. Bitte deine Höhere Führung um Schutz und Fokus.
- Stelle das Glas oder den Krug in die Mitte deines Platzes.
- Lege nun die Kristalle in ein für dich angenehmes und stimmiges Grid um das Glas oder den Krug herum, sodass das Wasser der Mittelpunkt deines Grids ist.
- Aktivere das Grid von innen nach außen mit dem Aktivierungskristall.
- Lasse das Grid mindestens elf Minuten wirken, anschließend kannst du das Wasser genießen.

TIPP:
Du kannst das Grid immer wieder benutzen und das Glas oder den Krug neu befüllt in die Mitte stellen, allerdings solltest du das Grid dann noch einmal neu aktivieren.

Crystal Grid: Kleines Hotelzimmer-Grid

Wir sind häufig auf Reisen und wollen unterwegs einerseits nicht auf unsere Kristalle verzichten, jedoch andererseits auch keinen ganzen Koffer voll Steine mitnehmen. Wir stellen dir hier deshalb ein einfaches Grid für dein Hotelzimmer vor, das uns während unserer Reisen immer beschützt und all das gegeben hat, was wir gerade brauchten.

Was du dazu brauchst:

- Pyrit (hilft bei Jetlag, gibt Energie und Vitalität, Fülle)
- schwarzer Turmalin (Schutz, Erdung, Stabilität)
- Karneol (schenkt Glück, Wohlbefinden und die Fähigkeit, zu genießen)
- Amethyst (hilft abzuschalten, bei sich zu sein und gut zu schlafen)
- Türkis (Schutz vor Unfällen, Kommunikation, emotionale Stabilität)
- Bergkristall (Klarheit, verstärkt die anderen Kristalle)

Ritual:

- Beginne zu Hause damit, deine Kristalle zu reinigen, und packe sie in einen Beutel, in dem sie geschützt sind.
- Wenn du im Hotelzimmer angekommen bist, lege die Kristalle zu einem Muster aus. Lasse dich dabei ganz von deiner Intuition führen.
- Bitte darum, dass dich dieses kleine Grid fortan schützt.
- Wenn du magst, spüre jeden Morgen in dich hinein, welcher Kristall dich am heutigen Tag begleiten darf, und nimm ihn aus dem Grid heraus. Trage diesen Kristall dann den ganzen Tag in deiner Hosentasche.

Nachwort

Die Grids und Rituale, die wir dir hier vorstellen, dürfen einfach entstehen. Das Letzte, was wir dir vermitteln wollen, ist, dass du Unmengen an Kristallen brauchst oder etwas genau in der Reihenfolge tun musst, wie wir es hier beschreiben. Wir leben in einer Zeit, in der wir freier nicht sein könnten, und genau dies sollen dir auch die Grids und Rituale vermitteln: Freiheit und Ruhe. Natürlich haben wir alle Grids und Rituale selbst ausprobiert und nur das mit dir geteilt, was für uns funktioniert hat. Allerdings haben wir es auch schon erlebt, dass der Kopf etwas ganz anderes erdacht hat, als unsere innere Führung letztlich mit uns vorhatte. Es geht darum, seiner Intuition zu vertrauen und sich führen zu lassen. Es liegt wohl in unserer Natur, dass, wenn wir plötzlich Freiheit erleben dürfen, wir erst einmal verunsichert sind. Aus diesem Grund haben wir für dich noch ein abschließendes Ritual, mit dem du deine Intuition stärken kannst.

Crystal Ritual: Raus aus der Angst, rein in die Liebe und ins Vertrauen

Diese Übung habe ich (Anne-Mareike) das erste Mal mit meiner Schwester Wibke durchgeführt. Ich war danach für zehn Tage so euphorisch und konnte mir gar nicht mehr vorstellen, es nicht regelmäßig zu wiederholen. Aber warum ist das überhaupt nötig? Weil ich – wie wahrscheinlich viele andere heutzutage – ein Mensch bin, der sich jeden Tag mit neuen Herausforderungen konfrontiert sieht, die mir nicht selten auch Angst oder Sorgen bereiten. Warum nicht diese Sorgen in Liebe und Vertrauen wandeln? Mit dieser Übung können wir unser Energiesystem ganz einfach unterstützen, den Weg der Liebe und des Vertrauens zu gehen, und damit den Zweifeln und dem Schrecken keinen Raum mehr geben.

HINWEIS:

Für das Grid brauchst du einen Kristall mit einer Spitze. Falls du einen Kristall mit zwei Spitzen hast, dann ist das auch vollkommen in Ordnung. Hier darfst du für dich bestimmen, welche der Seiten du verwendest. Oft ist eine Seite eines Kristalls etwas breiter und die andere etwas dünner, dann ist für mich die dünnere Seite die Spitze.

Was du dazu brauchst:

> 1 Rohkristall deiner Wahl mit einer Spitze

> 1 Bund Salbei, Palo Santo oder Weihrauch

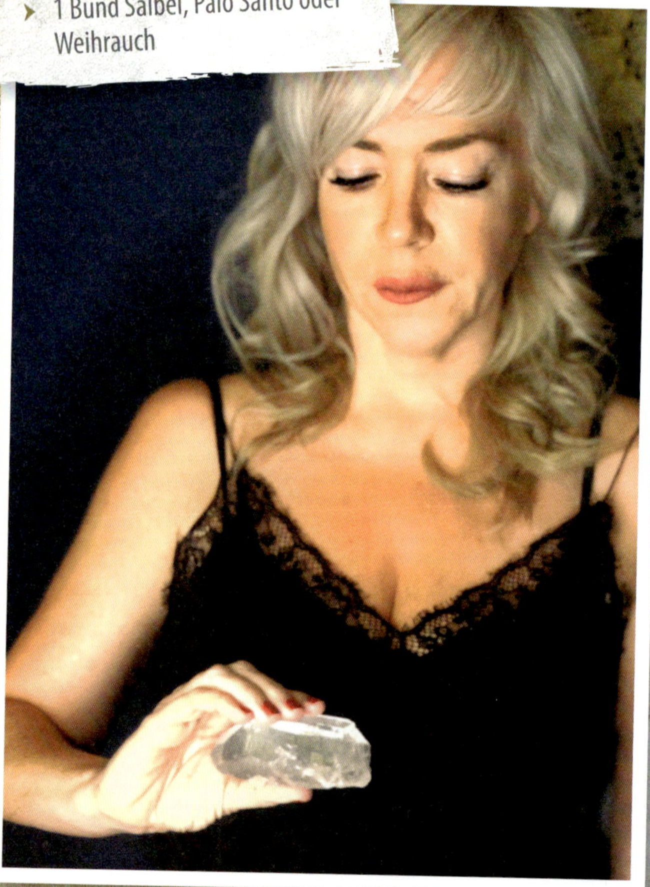

Ritual:

- Beginne damit, deinen Kristall zu reinigen. Kläre deine Aura mithilfe eines Räucherstoffs.
- Nimm deinen Kristall in eine Hand, schließe deine Augen, und atme einige Male tief ein und aus, bis du in einen Zustand von innerer Ruhe und Klarheit gelangst. Bitte deine Höhere Führung um Schutz und Fokus.
- Nun halte den Kristall auf Höhe deines Herzens. Die Spitze zeigt zuerst nach links. Drehe ihn dann in einem Halbkreis auf deine rechte Seite. Die Spitze zeigt dabei zuerst nach links, vollzieht einen Halbkreis und zeigt dann nach rechts. Es ist, als wenn der Kristall ein Uhrzeiger wäre und von 9 Uhr nach 3 Uhr geschoben wird. Auf dem Rückweg schiebst du den Kristall auf der imaginären Uhr dann gegen den Uhrzeigersinn von 3 nach 9 Uhr. Anschließend beginne wieder von vorn, und wiederhole dies insgesamt 33-mal. Stelle dir dabei vor, wie sich dein ganzes Energiesystem von Angst und Sorgen auf Liebe und Vertrauen stellt. Es darf sich anfühlen, als würden sich Schlösser öffnen und Energien der Ekstase frei werden, als würde sich dein ganzes Sein neu ausrichten und alles in dir auf einer Frequenz funken, die nun Liebe und Vertrauen ist.

Danksagung

… von Anne-Mareike Schultz

Ich möchte dir danken, dass du dieses Buch in den Händen hältst und dich berühren lässt von der Magie der Steine und dem Netz der Heilung und Harmonie.

Ich bin dankbar für meine Eltern, die mich immer so haben sein lassen, wie ich bin, und mich immer gefördert haben, ohne mich zu beschränken. Danke, Anne-Karine und Hans-Albert, dafür, dass ihr meine Ahnen seid, meine Ratgeber, meine Unterstützer, meine größten Fans, und vor allem für eure Liebe. Ich werde es auf ewig für mich wertschätzen! Ich danke vor allem meiner Zwillingsschwester Wibke-Martina, die mich so großartig unterstützt und mir jeden Tag Raum schenkt, um genau dies hier zu tun. Du bist meine große Heldin, und meine Liebe für dich ist unermesslich. Ich habe euch lieb.

Ich bin dankbar für mein wundervolles Gitter an Menschen, die mich unterstützen und vor allem ertragen, denn ich weiß, dass dies nicht selbstverständlich ist und fühle mich sehr beschenkt, dass ich euch »Freunde« nennen darf. Ich danke euch aus tiefstem Herzen, liebe Caro, Tim plus Henri, Hanna, Greta, Verena, Nicole, Marianne und euch allen. Aber auch dir, lieber Dennis, danke ich, dass wir gemeinsam diesen Pfad gehen. Ich erlebe es als ein großes Geschenk. Es ist schön, dass alles sein darf und wir trotzdem noch immer zusammen träumen.

Ich danke meinen Verlegern, der lieben Heidi und dem lieben Markus Schirner, dafür, dass ihr uns so unterstützt und selbst so viel Freude mit den Grids habt.

Ein großes Dankeschön geht an meine liebe Lektorin Kerstin – du hast immer ein offenes Ohr, machst gefühlt alles möglich und hast so viel Verständnis. Ich bin sehr dankbar, dass du mich so unermüdlich unterstützt.

Wir hätten dieses Buch nicht schreiben können, wenn wir nicht zauberhaft unterstützt worden wären mit Leihgaben von Steinen. Wir sind dankbar, dass du, liebe Annett Hering (www.fengshuihaus-dresden.de), uns so viel Vertrauen entgegengebracht, uns deine Schatzkammer geöffnet hast und du in diesem Buch sogar als Gastautorin dein Wissen mit uns teilst.

Mögen wir nie aufhören, uns zu bewegen, was nicht bedeutet, dass wir vergessen oder zurücklassen, sondern es darf heißen, dass wir leben und dieses gemeinsame Netz aus Liebe um diese Welt spannen und uns magische Momente schenken.

Deine Anne-Mareike Schultz

… von Dennis Möck-Ludwig

Nach so vielen wunderbaren Erfahrungen mit Kristallen, fühle ich mich heute unendlich gesegnet, diese Kraft mit dir, liebe/-r Leser/-in, teilen zu dürfen. Das ist mir eines der größten Geschenke überhaupt. Ein Geschenk, das ich mit großer Demut und Dankbarkeit in mein Herz nehme. Schon als Kind liebte ich die Kristalle und Edelsteine. Ich war von ihrem Glanz – im wahrsten Sinne – völlig fasziniert. Wenn ich heute daran zurückdenke, dann kann ich nur staunen, nun ein zweites Buch über eben diese Kristalle geschrieben zu haben.

Ich bin sehr dankbar, dass mich meine Eltern stets »machen ließen« und mir alle Erfahrungen erlaubten, auch wenn sie für sie nicht alltäglicher Natur waren, wie z. B. das Spielen mit Kristallen, Orakeln oder auch feinen ätherischen Düften. Das hat mich zu einem Menschen gemacht, der sehr zufrieden mit sich selbst ist. Danke, Sabine, und danke, Manfred, dass ihr meine Eltern seid! Meiner Oma danke ich, dass sie mir ein großer Fels ist, der immer »da« ist! Auch meinen Freundinnen und Freunden sowie meinen Herzensmenschen danke ich aus tiefstem Herzen. Anna-Theresa, Imke, Elena, Eddie und Natascha. Mit euch ist es einfach und sanft, diese und jene Erfahrungen zu machen. Ich danke André, der mich in allem sehr unterstützt.

Ein großer Dank geht ebenso an meine Ausbildungs- und Seminarteilnemer/-innen, die mich immer wieder inspirieren und mir sehr wichtige Lehrer sind. Danke auch, dass ich mit euch innerhalb der Seminare so viele Erfahrungen mithilfe der Kristalle sammeln durfte. Das ist wohl oft nur innerhalb dieser liebenden, kollektiven Kraft möglich.

Danke an dich, liebe Anne-Mareike, für die wunderschöne, freundliche und liebevolle Verbindung. Wir schaffen es immer wieder, jegliche Emotionen auszuleben und durchzustehen. Das macht es wohl auch so wertvoll!

Ich danke meinen Verlegern Heidi und Markus Schirner für den Glauben an unsere Vision, das Teilen einer Leidenschaft zu Kristallen und die Möglichkeit, unser Wissen mit der Welt zu teilen – das berührt mich immer wieder.
Danke von Herzen an Kerstin, die unsere Texte lektoriert. Danke für deine Geduld, deine Ideen und die mühelose und einfache Kommunikation!

Ich danke auch der »Schirner Buchhandlung« in Darmstadt, durch die es erst möglich wurde, die Bilder in diesem Buch mit einer Leihgabe von Steinen zu fotografieren. (Ich weiß bis dato nicht, ob ich es übers Herz bringen kann, diese zurückzugeben.)

Auf dass dieses Büchlein ein Beitrag dafür ist, wie wir selbst in unsere Kraft und Selbstliebe finden. Denn das ist es, wofür es sich lohnt, etwas in dieser wunderbaren Welt zu bewegen.

Dein Dennis Möck-Ludwig

Über die Autoren

ANNE-MAREIKE SCHULTZ beschäftigte sich bereits im Kindesalter mit Lichtwesen, Mythen und Legenden. Seit früher Kindheit bereiste sie die Welt und lebte zudem einige Zeit in den USA und Australien. Diese vielen, ganz besonderen Erlebnisse prägten sie tief. Durch ihre Vorfahren kam sie schon ganz früh mit schamanischem Wissen und den unsichtbaren Welten und deren Kraft in Berührung. Nach Beendigung ihres Studiums und individuellen Erfahrungen entdeckte sie gemeinsam mit ihrer Zwillingsschwester die Naturheilkunde für sich. Beide absolvierten Ausbildungen zur Heilpraktikerin und eröffneten eine Gemeinschaftspraxis in Schleswig-Holstein. Anne-Mareike Schultz gibt zudem Seminare, Workshops, Meditationen, Einzelsitzungen, Webinare, Onlinekurse und Seminarreisen. Wer ein Grid für sich oder zu einem besonderen Anlass gelegt bekommen möchte, kann gern bei ihr anfragen.

www.annemareike.me
Facebook: annemareikeschultz
*Instagram: _annemareike_*

DENNIS MÖCK-LUDWIG kam schon in sehr jungen Jahren mit verschiedenen spirituellen Wegen in Kontakt. Seine natürliche Beziehung zu seiner inneren Welt wies ihm immer die Richtung, gab ihm das Wissen und die Unterstützung, die er brauchte. Dadurch war es ihm möglich, einen unkonventionellen Weg zu gehen und seit seiner Jugend verschiedene alternative Ausbildungen zu absolvieren. Als gelernter Mentalcoach arbeitet er überwiegend im Onlinebereich. Er betreibt einen eigenen Blog, auf dem er regelmäßig Artikel veröffentlicht. Zudem bietet er Einzelsitzungen, Onlinekurse sowie Ausbildungen an und veranstaltet Retreats und Workshops zu den Themen »Innenweltreisen«, »Bewusstseinswandel«, »Ayurveda« und »moderne Rituale«.

www.devis-ashram.de
Facebook: devis.ashram
Instagram: dennis.venture / the_innersanctuary

Empfehlungen für Steine

Feng Shui Haus Dresden, Görlitzer Str. 21, 01099 Dresden,
Tel.: 0351 - 810 5498, www.fengshuihaus-dresden.de

Schau auch in den Schirner Versandkatalog, oder besuche
die Schirner Buchhandlung, Elisabethenstraße 8,
64283 Darmstadt, Tel.: 06151 - 29 39 39
www.schirner.com

Erschaffe MAGISCHE ZEITEN mit Kristallkraft & Mondenergie

Anne-Mareike Schultz &
Dennis Möck-Ludwig
Crystal Grids – Die Kraft der Kristalle
Das Praxisbuch rund ums Arbeiten
und Heilen mit Kristallen
200 Seiten
ISBN 978-3-8434-1398-5

Dieses Buch enthält alles, was wir für die Kristallarbeit wissen müssen: von der Pflege, Aufbewahrung und Reinigung der Steine über deren Programmierung bis hin zu Farben, Formen und Wissenswertem zur Zahlenmagie. Mit zahlreichen nützlichen Tipps zum Legen von Crystal Grids können wir kraftvolle Kristallmuster für jegliche Bedürfnisse erschaffen. Darüber hinaus inspirieren die Kristall-Gesichtsmassage oder das Legen eines Körper-Grids zu vielen weiteren Anwendungsideen rund um Beauty, Heilung und Lifestyle mit den Kristallen.

978-3-8434-1315-2   978-3-8434-9107-5   978-3-8434-8371-1

Danke für deine **REZENSION**
– Gemeinsam sind wir mehr –

Liebe Leserin, lieber Leser,

von Herzen danken wir dir, dass du dieses Buch in den Händen hältst und es bis zum Ende gelesen hast. Das bedeutet uns, dem Schirner Verlag und seinen Autoren, sehr viel. Aus voller Überzeugung und mit Hingabe widmen wir uns seit vielen Jahren Themen, die unser aller Lebensqualität und Bewusstwerdung dienlich sind, und hoffen, einen Beitrag für eine lichtvollere Welt leisten zu können. Wenn dir unsere Arbeit gefällt, möchten wir dich bitten, dir einige Minuten Zeit zu nehmen, um dieses Buch zu rezensieren. Warum? Die meisten Menschen lesen Rezensionen, bevor sie ein Buch kaufen, da sie hierdurch einen Eindruck bekommen, ob und wie der Inhalt des Buches den Leser erreicht hat. Eine kurze Rezension ist dabei ebenso hilfreich wie eine lange, sehr ausführliche. Um es auf den Punkt zu bringen:

Eine Rezension ist heutzutage die beste Werbung für ein Autorenwerk!

Wenn du den Schirner Verlag und seine Autoren neben dem Buchkauf auch anderweitig unterstützen willst, dann bitten wir dich: Schreibe für jedes Werk eine Rezension – vielleicht als persönliche Leseempfehlung für die Buchhandlung in deiner Nähe oder online, z. B. beim Schirner Verlag. Das wäre nicht nur eine Wertschätzung für die Autoren, sondern kann dazu beitragen, dass die Verkaufszahlen steigen und der Schirner Verlag auch in herausfordernden Zeiten Bestand hat.

WIE SCHREIBT MAN EINE REZENSION?

Grundsätzlich sollte eine Rezension aus der eigenen, subjektiven Sicht geschrieben werden, da es sich um eine persönliche Meinung handelt. Du kannst in zwei Sätzen deine Gedanken zu dem Buch äußern oder eine längere Rezension verfassen. Falls du nicht weißt, wie du beginnen sollst, hier ein paar Anregungen:

- War das Buch leicht verständlich geschrieben? Wie hat dir die Sprache gefallen? Wie empfandest du die Aufteilung der verschiedenen Themen?
- War es unterhaltsam? War es deiner Meinung nach mit Herzblut und Liebe geschrieben? Wie hat es auf dich gewirkt?
- Hat es dein Herz berührt? Konntest du dich wiederfinden?
- War es tief greifend genug? Hast du viel Neues gelernt?
- Hat es gehalten, was der Titel und die Buchbeschreibung versprochen haben? Hat es deine Erwartungen erfüllt?
- Was macht das Buch besonders? Warum sticht es heraus im Vergleich zu anderen Büchern, die ein ähnliches Thema behandeln?
- Würdest du das Buch weiterempfehlen oder verschenken?

Dankeschön

Bildnachweis

Bilder von der Bilddatenbank www.shutterstock.com:

Umschlag: #1161080110 (©Annemiek van der Weide), #407159863 (©Transia Design), #406178962 (©Olga_C), #341320430 (©dwph), #723240442 (©harmonia_green)
Schmuckelemente: Papierhintergrund: #1431479720 (©darenna86), Kristallhintergrund: #1022349496 (©Potapov Alexander), Goldhintergrund: #341320430 (©dwph), Ranken: #407159863 (©Transia Design), #135178952 (©Woodhouse), Diamantsymbole: #1438593257 (©sunniwa), #723240442 (©harmonia_green), #1212005356 (©Peratek), Bildrahmen und Pinselstrich: #406178962 (©Olga_C)
Weitere Bilder: S. 3 #406178962 (Olga_C), #407159863 (Transia Design), S. 8 #1467765023 (ju_see), S. 10 #1090066298 (Marben), S. 11 #1137335321 (Elina Leonova), S. 13 #1309319926 (Holly Mazour), S. 20 #1944542 (Nicholas Sutcliffe), S. 25 #1219542415 (bjphotographs), S. 27 #151740695 (Sandy Maya Matzen), S. 28 #1078353998 (byAZ3), S. 30 #1161080110 (Annemiek van der Weide), S. 30/31 #1022349496 (Potapov Alexander), S. 31 #1422337169 (Anastasiia Guseva), #135178952 (Woodhouse), S. 31/32 #1438593257 (sunniwa), S. 32 #1496829623 (Pavlo Burdyak), #723240442 (harmonia_green), #138527972 (faitotoro), S. 34 #1212005356 (Peratek), S. 35 #1054771703 (Simon Bratt), S. 38 #255598918 (Catarina Belova), S. 39 #1100302112 (Holly Mazour), S. 41 #1463300522 (Aleksandr Rybalko), S. 45 #693660808 (Albert Russ), #1149729491 (Mehmet Gokhan Bayhan), S. 47 #611270180 (Vassamon Anansukkasem), S. 54 #503377531 (PHOTOCREO Michal Bednarek), S. 55 #1162034203 (July Prokopiv), S. 57 #466375319 (Cagla Acikgoz), #687507460 (olpo), S. 58 #531779761 (IgorAleks), S. 64 #1143696458 (bjphotographs), #200747114 (Dennis van de Water), S. 67 #1062446855 (CoralAntlerCreative), S. 69 #631554896 (Jiri Vaclavek), S. 71 #661863589 (Albert Russ), #174469370 (Sylvie Corriveau), S. 72 #1126007870 (Serhii Brovko), S. 81 #543779686 (content_creator), #1022349496 (Potapov Alexander), S. 82 #569861092 (Zai Di), S. 85 #629058008 (stockcreations), S. 86 #1425114368 (Ali Yalcin_Seamann), S. 89 #1026927082 (samaliusfoto), S. 91 #602667743 (Monika Wisniewska), S. 97 #1556731868 (Nicole Glass Photography), S. 98 #1392426053 (Holly Mazour)

Bilder der Crystal Grids: ©Anne-Mareike Schultz und ©Dennis Möck-Ludwig